3.-6. Schuljahr

Doris Höller

Lerneinheiten Grammatik

3 Gemischte Übungen zur Vertiefung

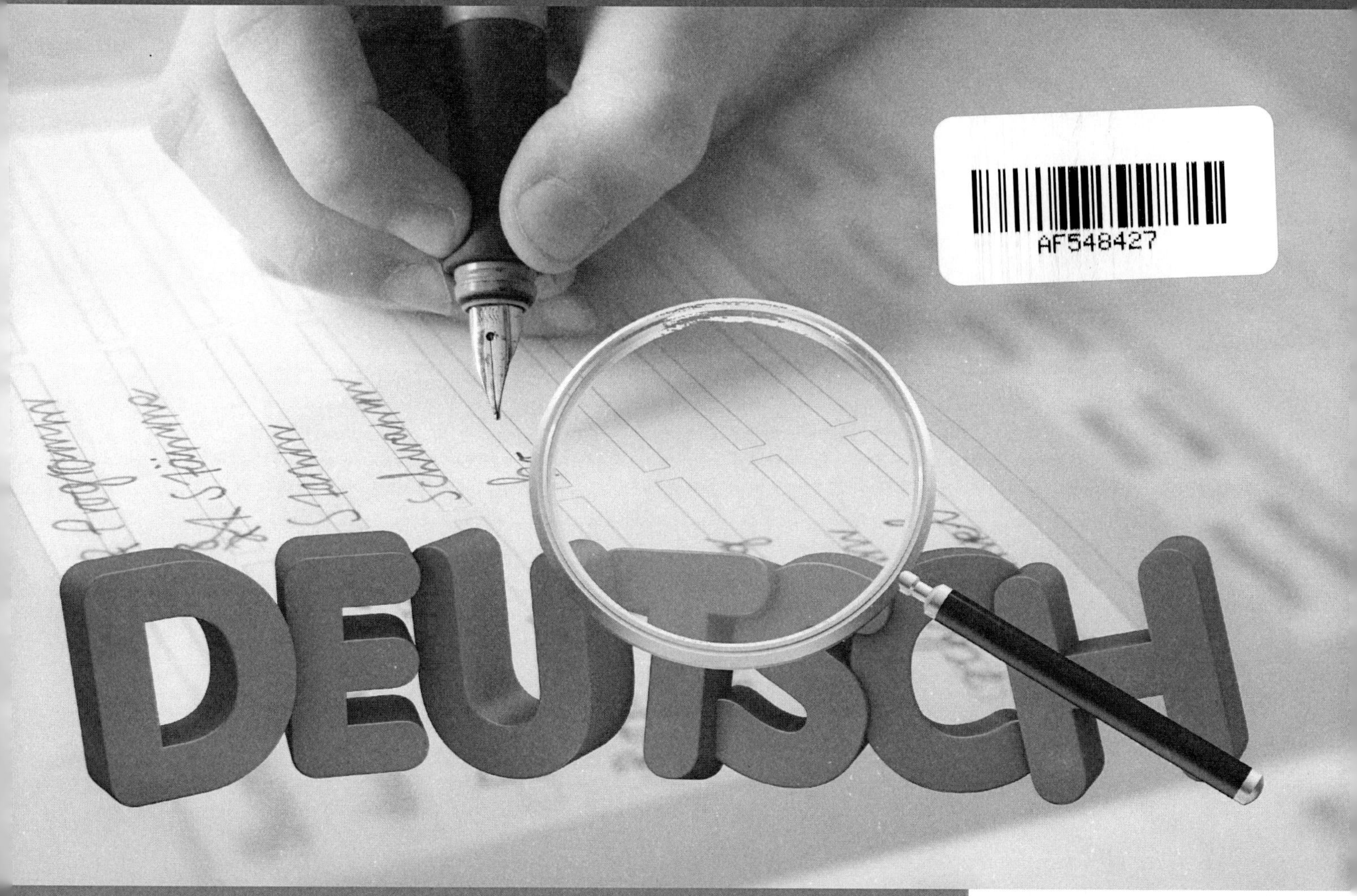

DEUTSCH

Sofort einsetzbare Übungen zur gezielten Wiederholung & Festigung

www.kohlverlag.de

Lerneinheiten Grammatik

Band 3: Gemischte Übungen zur Vertiefung

1. Auflage 2024

Inhalt: Doris Höller
Umschlagbild: vegefox & kittyfly – AdobeStock.com
Redaktion: Kohl-Verlag
Grafik & Satz: Kohl-Verlag
Druck: farbo prepress GmbH, Köln

Bestell-Nr. 13 064

ISBN: 978-3-98841-135-8

Bildquellen © adobestock.com

S. 5-38: You; S. 8-23: ~ Bitter ~; S. 9: LadadikArt; S. 11: kishan kumar, cheremuha, vectortatu; S. 12: Rhidona, TWINS DESIGN STUDIO, kishan kumar; S. 13: Volodymyr Khodaryev, creativenature.nl, Georgy Dzyura, Photocreo Bednarek, Balint Radu, Eric Issele, Igor Normann, Svetoslav Radkov, cmnaumann, GUAN JIANGCHI, fotomaster, Natural PNG; S. 14: Valerii Kaliuzhnyi, akaomayo, SERGIYVoLODYMYROVYCH, HappyTime19, pixelrobot, Chief Design, demidoff; S. 19: Vector Tradition (5x); S. 22: zilvergolf, Ljupco Smokovski (2x), WebPAINTER-Std, 200degrees, 3Dmask, Ljupco Smokovski, Юлия Викленко, Rudzhan, Vectorvstocker, shaineast, Flash concept (2x), Pixel-Shot (2x); S. 23: ValGraphic, a7880ss, Mykola, Katerina; S. 24: donatas1205 (2x), creativenature.nl (8x), Lumos sp, Timmary, New Africa, Alekss, Yeti Studio, M. Siegmund, gomolach, Marta Sher, swety76; S. 25: irodori; S. 26: Alekss, Serkay, olhastock, by-studio, Tanya, Igor_Haus, demidoff, pixelrobot, nataba, The Len, bank_jay, Eric Issele (2x); S. 27: Olga Itina, Fotoidee_Brille, Alexander Raths, lightgirl, Clara, Victor Moussa, inna_astakhova, Duncan Andison, amarok17wolf; S. 28: grafikplusfoto, Alekss, Patryk Kosmider, Eric Issele (3x), olhastock, Smileus, Aastels, Natural PNG, kisscsanad, lom742; S. 31: malshak_off, PNG WORLD, UltimaSperanza; S. 33: lantapix; S. 35: Inm, GraphicsRF, Smileus, art_rich, wirat, Olga Itina, Eric Issele, Vikivector, sevulya, New Africa (3x), Georgy Dzyura, kisscsanad, Dudarev Mikhail; S. 36: lantapix, Piumadaquila, GreenSkyStudio

Der vorliegende Band ist eine Print-Einzellizenz

Sie wollen unsere Kopiervorlagen auch digital nutzen? Kein Problem – fast das gesamte KOHL-Sortiment ist auch sofort als PDF-Download erhältlich! Wir haben verschiedene Lizenzmodelle zur Auswahl:

	Print-Version	PDF-Einzellizenz	PDF-Schullizenz	Kombipaket Print & PDF-Einzellizenz	Kombipaket Print & PDF-Schullizenz
Unbefristete Nutzung der Materialien	x	x	x	x	x
Vervielfältigung, Weitergabe und Einsatz der Materialien im eigenen Unterricht	x	x	x	x	x
Nutzung der Materialien durch alle Lehrkräfte des Kollegiums an der lizensierten Schule			x		x
Einstellen des Materials im Intranet oder Schulserver der Institution			x		x

Die erweiterten Lizenzmodelle zu diesem Titel sind jederzeit im Online-Shop unter www.kohlverlag.de erhältlich.

Vorwort

Sprache mit allen Sinnen zu erfahren, ist die beste Voraussetzung, die Basiskompetenzen Schreiben, Lesen und Textverständnis zu festigen. Dabei ist es wichtig, dass der individuelle Lernstand und das Lerntempo berücksichtigt werden. Jeder sollte die Möglichkeit haben, so selbstständig wie möglich und mit so viel Hilfe wie nötig, die Lerninhalte zu erarbeiten. Je kreativer, umso besser. Manche Kinder arbeiten gerne alleine, andere erzielen mit Partnerarbeiten einen größeren Erfolg.

Die enthaltenen Puzzleteile mit Kurzinformationen helfen, die eigenen Überlegungen abzusichern. Lösungen zur Selbstkontrolle ermöglichen eine bessere Einschätzung des persönlichen Lernfortschrittes.

Gut ist es, wenn z. B. Wörterbücher, Stempelkästen und Buchstaben aus verschiedenen Materialien, Würfel, Buchstabendrehscheiben usw. bereit liegen. Mit Zeitungen, Prospekte, Scheren und Klebstoff lassen sich die einzelnen Arbeitsblätter noch mit kreativen Aufgaben ergänzen. Wenn neue Lerninhalte spielerisch erarbeitet werden können, ist die Lernbereitschaft deutlich höher. Einfache Spiele lassen sich gut umfunktionieren. Ob Memo-Spiel, Domino, Bingo oder Stadt-Land-Fluss, alle eignen sich gut für eine themenangepasste Variante.

Auch die Bewegung verbessert den Lernerfolg. Mit Buchstabentafeln aus Pappe, die überall ausgelegt werden können, lassen sich viele Mannschafts- oder Quizspiele durchführen. Auf einem großen Handy- und PC-Tastenfeld auf dem Boden, können nicht nur Wörter gehüpft werden, auch Ratespiele können auf diese Weise „bewegt" durchgeführt werden. Der Aufwand lohnt sich!

Das dritte Arbeitsheft 3 enthält gemischte Übungen zu den Inhalten aus den ersten beiden Bänden. In den einzelnen Übungen werden die verschiedenen Lerninhalte gemischt bearbeitet, um so den Transfer des Geübten zu ermöglichen. Wie man eine Geschichte spannend schreiben kann, wird anhand verschiedener Aufgaben geübt. Spiele sorgen für die Festigung der Inhalte und fördern den Spaß am spielerischen Umgang mit unserer Sprache und erweitern so den Wortschatz. Wer sich gut ausdrücken kann, dem hört man gerne zu. Solche Erfolgserlebnisse halten die Freude am Lernen wach. Neben den Arbeitsblättern finden Sie Suchsel, ein Wortarten-Mandala und ein Reimwörter-Quadromino.

Im Arbeitsheft 1 finden Sie die Inhalte Nomen, Verben und Artikel. Das Arbeitsheft 2 umfasst die Inhalte Adjektive, Pronomen, Präpositionen & Satzarten und ihre Satzschlusszeichen.

Viel Freude und Erfolg beim Einsatz der vorliegenden Kopiervorlagen wünschen Ihnen der Kohl-Verlag und

Doris Höller

Kompetenzen und Inhalte

Sachkompetenz	• Wortarten erkennen und unterscheiden • Funktion der Wortarten unterscheiden • Verschiedene Wortarten richtig in Sätze einfügen • Personalformen bilden • Satzarten erkennen, Satzschlusszeichen richtig verwenden • Wortteile zu neuen Wörtern zusammensetzen
Methodenkompetenz	• Informationen aus Erklärungstexten entnehmen • Wortschatz erweitern • Übungen kreativ ergänzen
Sozialkompetenz	• Zusatzmaterial nutzen und Geübtes vertiefen • Konzentrationsfähigkeit üben • Sprache spielerisch erforschen • Geübtes in ein Satzgefüge einbringen
personale Kompetenz	• Wortbedeutung erkennen und hinterfragen • Aufgabenstellung eigenständig erarbeiten • Arbeitsergebnis selbstständig überprüfen

Erarbeitung

- Einzel-/Partnerarbeit
- Freiarbeit
- Arbeitsblätter schrittweise bearbeiten

Materialien

- Die Arbeitsblätter können in Ablageboxen bereitgelegt werden. Sie können nach dem individuellen Lernstand ausgewählt und bearbeitet werden.
- Lösungen für die selbstständige Kontrolle können bereitgelegt werden

Zusatzmaterial optional

- Papier, Scheren, Klebestifte, Würfel, Wörterbücher
- Sollen Arbeitsblätter mehrmals bearbeitet werden, können sie laminiert werden. Dann sollten auch wasserlösliche Filzstifte bereitliegen.
- Buchstabendrehscheiben, Kurzzeitwecker
- Buchstabenstempel, alte Kataloge, Zeitungen und Zeitschriften, Prospekte, Schalen für Papierabfälle

Inhalt

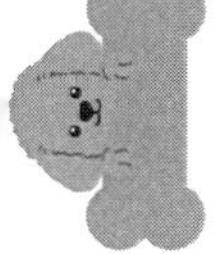

LERNEINHEITEN GRAMMATIK
Band 3: Gemischte Übungen zur Vertiefung – Bestell-Nr. 13 064

Inhalt

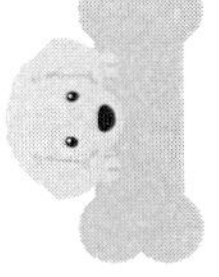

LERNEINHEITEN GRAMMATIK

Gemischte Übungen

KOHL VERLAG Lernen mit Erfolg
LERNEINHEITEN GRAMMATIK
Band 3: Gemischte Übungen zur Vertiefung – Bestell-Nr. 13 064

Allerlei Nomen in Einzahl und Mehrzahl

Es gibt Nomen, die verändern sich in der Mehrzahl nicht. Es gibt aber auch Nomen, die nicht veränderbar sind, weil man keine Einzahl (z. B. die Geschwister) oder Mehrzahl (z.B. das Obst) bilden kann.

Aufgabe 1: *Prüfe und trage alle Nomen mit Einzahl* **und** *Mehrzahl, mit ihren Artikeln in eine Tabelle ein.*

Aufgabe 2: *Ordne die Nomen aus dem Kasten wie folgt:*

a) Nomen mit unveränderlicher Einzahl und Mehrzahl

b) Nomen, die es nur in der Einzahl oder nur in der Mehrzahl gibt.

Aufgabe 3: *Prüfe, aus welchen Nomen du mit einer Endsilbe ein Adjektiv bilden kannst.*

(- lich, - isch, - ig, - bar)

z. B. Ärger - ärgerlich; Himmel– himmlisch; Durst - durstig; Dank – dankbar

Aufgabe 4: *Ordne die Nomen nach dem Alphabet.*

Aufgabe 5: *Suche zu diesen Nomen weitere Nomen und bilde zusammengesetzte Nomen daraus. Du kannst auch mehrere Nomen verwenden.*

z. B. Post + Tasche = Posttasche; Post + Kutsche + Fahrer = Postkutschenfahrer

Post	Treue	Stolz	Glanz	Pech
Mixer	Ärmel	Segel	Kragen	Ordner
Tunnel	Lastwagen	Fahrer	Gebäude	Becken
Frieden	Gold	Kälte	Silber	Regen
Spaten	Pulver	Schenkel	Bürger	Brunnen
Engel	Enkel	Esel	Dampfer	Boxer
Durst	Hunger	Mut	Ruhe	Schutz
Igel	Ufer	Kellner	Opfer	Faden
Bohrer	Anker	Löffel	Sessel	Pinsel
Gepäck	Erde	Wärme	Alter	Laub
All	Obst	Gemüse	Vieh	Fleisch

Verben und Nomen

Aufgabe: *Welches Verb passt zu welchem Nomen? Ordne die Zahlen richtig zu. Schreibe Sätze dazu. Drucke die Nomen mit Buchstabenstempeln.*

Nomen	Nr.	Verb	Nr.
Arzt	1	lesen	
Eis	2	trinken	
Wäsche	3	bezahlen	
Auto	4	putzen	
Radio	5	untersuchen	
Feuerwehr	6	kochen	
Fenster	7	essen	
Tischler	8	waschen	3
Lehrer	9	spülen	
Polizist	10	packen	
Zahnarzt	11	singen	
Zeitung	12	sägen	
Geld	13	löschen	
Saft	14	malen	
Lied	15	verhaften	
Bild	16	pflanzen	
Geschirr	17	hören	
Suppe	18	fahren	
Gärtner	19	unterrichten	
Koffer	20	bohren	

Nomen oder Verb?

Aufgabe 1: *Kreuze die richtigen Wortarten an und finde von links nach rechts einen Lösungssatz. Auch die falschen Buchstaben ergeben zusammen einen 2. Lösungssatz.*

1. Lösungssatz:

1	2	3	4	5		6	7	8		9	10	11	12	13	14	15	16	17	18

2. Lösungssatz:

1	2		3	4	5	6		7	8	9		10	11	12	13	14	15	16	17	18

Aufgabe 2: *Schreibe zu jedem Wortpaar einen Satz.*
Beispiel: Der Bäcker backt heute einen Kuchen.

1.	Nomen	Verb
BACKEN	D	M

2.	Nomen	Verb
BÄCKER	A	U

3.	Nomen	Verb
MALER	C	B

4.	Nomen	Verb
MALEN	I	H

5.	Nomen	Verb
LÄUFER	E	S

6.	Nomen	Verb
LAUFEN	T	D

7.	Nomen	Verb
PFEIFEN	D	I

8.	Nomen	Verb
PFEIFE	E	A

9.	Nomen	Verb
HÄNDLER	N	S

10.	Nomen	Verb
HANDELN	S	O

11.	Nomen	Verb
IRREN	U	M

12.	Nomen	Verb
IRRTUM	E	P

13.	Nomen	Verb
FLIEGEN	E	N

14.	Nomen	Verb
FLIEGER	P	R

15.	Nomen	Verb
WOHNEN	H	R

16.	Nomen	Verb
WOHNUNG	O	I

17.	Nomen	Verb
SCHNIPSELN	R	B

18.	Nomen	Verb
SCHNIPSEL	E	N

Verben für die Gruselgeschichte

Verwende möglichst viele verschiedene Verben aus einem Wortfeld. Dann wird deine (Grusel-)Geschichte erst richtig spannend.

Das Gespenst **sagt**: „Stopp!" Das Gespenst **flüstert**: „Stopp!"
Wir **gehen** durch das Schloss. Wir **schleichen** durch das Schloss.

Wortfeld „sagen"	Wortfeld „gehen"

Aufgabe: *Trage die Veben in die richtige Spalte in der Tabelle ein.*

brüllen	stapfen	stolzieren	sprechen	klettern	plappern
trippeln	kreischen	brummen	hauchen	rennen	wanken
fragen	huschen	latschen	stampfen	schlurfen	stottern
schleichen	quasseln	tuscheln	plaudern	laufen	rufen
kriechen	hetzen	schluchzen	befehlen	reden	stolpern
schimpfen	flüstern	trampeln	schnattern	stürmen	schreien
ansprechen	flitzen	schreiten	humpeln	jammern	krabbeln

LERNEINHEITEN GRAMMATIK
Band 3: Gemischte Übungen zur Vertiefung – Bestell-Nr. 13 064

Adjektive zum Gruseln

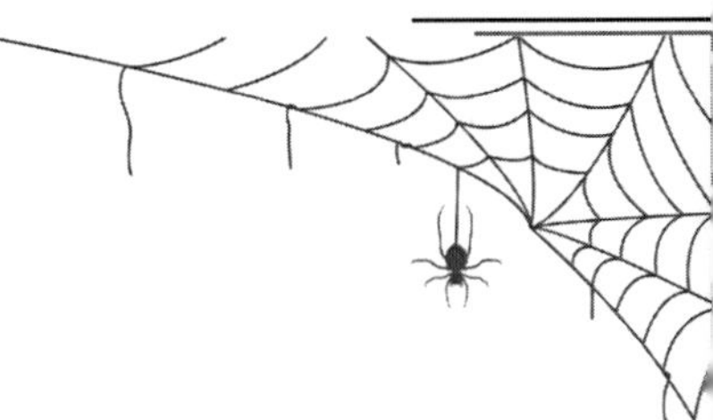

Aufgabe 1: *In dem Suchsel haben sich 20 gruselige Adjektive versteckt. Du findest sie auch in der Wörterschlange, wenn du Trennungsstriche einfügst.*

Aufgabe 2: *Schreibe eine gruselige Geschichte und verwende möglichst viele der Adjektive.*

X	S	I	E	X	T	X	U	N	H	E	I	M	L	I	C	H	X	X	S
X	C	Y	X	H	Ö	L	L	I	S	C	H	X	P	X	Y	M	X	A	C
T	H	Ö	G	X	X	S	C	H	A	U	R	I	G	H	D	X	V	B	H
O	E	X	R	B	R	X	S	E	L	T	S	A	M	X	U	S	E	S	A
T	U	Q	A	E	X	F	S	P	F	Ü	Ö	R	X	A	N	X	R	C	U
E	ß	X	U	D	W	I	X	X	D	Ü	S	T	E	R	K	Y	L	H	D
N	L	H	E	R	X	N	X	Ü	X	Y	X	Ä	X	B	E	X	A	E	E
S	I	X	N	O	K	S	V	B	L	U	T	R	O	T	L	Ä	S	U	R
T	C	D	H	H	X	T	Y	X	W	X	Y	Z	Ö	K	Ü	X	S	L	H
I	H	X	A	L	I	E	G	D	Ä	M	M	R	I	G	X	W	E	I	A
L	X	Ü	F	I	X	R	Y	X	U	L	F	Ö	B	W	X	V	N	C	F
L	Y	X	T	C	M	X	X	G	E	S	P	E	N	S	T	I	G	H	T
S	X	G	X	H	X	F	Ü	R	C	H	T	E	R	L	I	C	H	X	X
X	X	G	E	H	E	I	M	N	I	S	V	O	L	L	K	X	V	X	S
X	R	Y	X	X	E	N	T	S	E	T	Z	L	I	C	H	N	X	Y	X

abscheulichentsetzlichtotenstillscheußlichgrauenhaftbedrohlichfinsterdunkel

verlassenschauderhaftdüsterunheimlichhöllischschaurigseltsam

blutrotdämmriggespenstigfürchterlichgeheimnisvoll

Tierische Adjektive

Wird eine Eigenschaft beschrieben, dann benutzt man häufig den Vergleich mit einem Tier.

So schnell wie eine Rennmaus. So flink wie ein Wiesel.

<u>Aufgabe 1</u>: *Ordne den Tieren die Eigenschaften zu. Schreibe in dein Heft.*

Beispiel: So blind wie ein Maulwurf.

<u>Aufgabe 2</u>: *Suche noch weitere tierische Vergleiche.*

... wie eine	
... wie ein	
... wie ein	
... wie ein	
... wie ein	
... wie ein	
... wie eine	
... wie ein	
... wie ein	
... wie eine	

schwarz

stumm

stolz

störrisch

fleißig

langsam

treu

stark

lahm

schlau

KOHL VERLAG Lernen mit Erfolg LERNEINHEITEN GRAMMATIK Band 3: Gemischte Übungen zur Vertiefung – Bestell-Nr. 13 064

Welche Adjektive passen zu den Nomen?

<u>Aufgabe 1</u>: *Ordne den Bildern die passenden Adjektive zu.*

<u>Aufgabe 2</u>: *Schreibe in die rechte Spalte Sätze dazu.*

Beispiel: Die Zitrone ist gelb. Sie ist auf der Zunge ziemlich sauer.

1	gelb / krumm ◯	
2	hell / heiß ◯	
3	kalt / weiß ◯	
4	spitz / scharf ◯	
5	lang / weit ◯	
6	gelb / sauer ◯	
7	groß / grau ◯	

Nomen und Adjektive

Aufgabe 1: *Wenn du die Nomen richtig zuordnest, findest du ein Lösungswort.*

Aufgabe 2: *Bilde nun mit den Adjektiven und den **falschen** Nomen jeweils einen Satz. Denk daran, die Adjektive in der richtigen Form einzusetzen.*

Beispiel: In Kinderzimmer steht eine eckig**e** **Kiste**.

Nr.	Adjektiv	Nomen	Buchstabe
1	ein eckiger	Kiste	L
		Tisch	R
2	ein lautes	Radio	A
		Trompete	E
3	eine saure	Apfel	I
		Zitrone	T
4	eine kleine	Ameise	E
		Kind	D
5	ein reicher	Frau	E
		Mann	K
6	eine nasse	Hund	R
		Katze	Ü
7	eine warme	Mütze	N
		Schal	F
8	ein bunter	Hose	A
		Pulli	S
9	eine spitze	Nagel	L
		Nadel	T
10	ein scharfes	Messer	L
		Schere	S
11	eine schwere	Rucksack	C
		Tasche	E
12	ein lustiger	Geschichte	H
		Clown	R

Lösungswort:

1	2	3	4	5	6	7	8	9	10	11	12

Aufgabe 3:

ein ______________________ Auto	schnelle / schnelles
eine ______________________ Tube	leeres / leere
ein ______________________ Hund	junger / junge
eine ______________________ Uhr	goldener / goldene
ein ______________________ Brett	dünnes / dünne
eine ______________________ Treppe	steile / steiles

LERNEINHEITEN GRAMMATIK
Band 3: Gemischte Übungen zur Vertiefung – Bestell-Nr. 13 064

Adjektive und ihre Gegensätze

<u>Aufgabe</u>: *Setze die Adjektive in die Sätze ein. Manchmal musst du sie dem Nomen anpassen. Verwende auch immer die passenden Gegensätze.*

Beispiel: Das Eis ist schön **fest**. Wenn die Sonne scheint, wird es aber schnell **flüssig**.

Ich setze mich an den Tisch, weil ich __________ bin. Nach dem Essen bin ich richtig ______. Im Frühling ist es schon __________, wenn ich zur Schule gehe. Im Winter ist es aber noch __________. In meinem Mathetest sind zwei Aufgaben __________ gerechnet. Nach der Verbesserung ist die Aufgabe dann __________. Heute regnet es, da spiele ich lieber __________. Wenn die Sonne scheint, kann man besser __________ spielen. Beim Wettlauf muss man __________ sein. Wer zu __________ ist, kann nicht gewinnen. Der frische Orangensaft ist ganz __________. Aber der Zitronensaft ist richtig __________. Der Tee ist mir zu __________. Ich trinke ihn lieber erst, wenn er ______ ist. Der Briefumschlag ist __________. Wenn er __________ ist, kann den Brief ja jeder lesen. Die __________ Treppenstufen führen in den Turm hinauf. Die Raumhöhe ist dort jedoch sehr __________. Ein __________ Hund liegt gerne in seinem Körbchen, während ein __________ Hund lieber lebhaft umherspringt. Dein Bleistift ist ja ganz __________! Nur wenn der Stift __________ ist, kannst du schön schreiben. Die Gummibärchentüte ist schon __________. Eben ist sie noch __________ gewesen. Peter trägt den Umzugskarton mit Geschirr. Ich bin zu __________, um ihn zu tragen, doch Peter ist __________ genug. Das Gelächter über die Späße des Clowns ist ________. Bei der Raubtiernummer hingegen ist es ganz __________. Die _______ Fee hilft Dornröschen. Die _______ Fee hingegen will Dornröschen töten.

hell
draußen
heiß
langsam
hungrig
sauer
verschlossen
spitz
hoch
satt
leer
dunkel
falsch
leise
stumpf
böse
stark
voll
laut
geöffnet
drinnen
schwach
gut
richtig
süß
jung
schnell
niedrig
alt
kalt

Bilde Adjektive aus den Nomen

Aufgabe 1: *Bilde Adjektive aus den Nomen.*

Angst	**ängstlich**	Aufregung	
Länge		Sport	
Langeweile		Schrift	
Gift		Kraft	
Ruhe		Freund	
Punkt		Gefahr	
Wind		Lust	
Mut		Witz	

Aufgabe 2: *Setze die Adjektive aus Aufgabe 1 in die Lücken ein.*

Die kleine Katze ist noch sehr **ängstlich**. Heute kommt eine ______________ Komödie im Kino. Für das Sportfest muss man recht ______________ sein. Im Zoo gibt es auch ______________ Schlangen. Die neuen Nachbarn sind sehr ______________. Es ist ______________, auf den Baum zu klettern. Ich habe einen ______________ Riss in meiner Hose. Für die ______________ Hausaufgaben brauche ich ein neues Heft. An der Nordsee ist es meistens ______________. Ich hoffe, der Bus ist heute ______________. Mein kleiner Bruder ist heute alleine in den Keller gegangen. Er ist ziemlich ______________. Bei der Klassenarbeit müssen wir alle ganz ______________ sein. Mein ______________ Hund hat mich nach der Schule freudig begrüßt. Die Geschichte ist richtig zum Lachen! Sie ist richtig ______________. Die alte Tür geht nur mit einem ______________ Tritt auf. Es ist nie ______________, den Affen beim Spielen zuzusehen.

LERNEINHEITEN GRAMMATIK
Band 3: Gemischte Übungen zur Vertiefung – Bestell-Nr. 13 064

Finde die richtige Wortart

Aufgabe 1: *a) Male alle Nomen mit einem blauen Stift an. Alle Verben malst du rot und alle Adjektive malst du grün an.*

b) Schreibe nun zu jeder Wortart 5 Sätze.

Aufgabe 2: *Mache die Probe. Was kann man tun? Wie ist etwas? Kannst du es sehen, anfassen oder spüren?*

Größe groß vergrößern	Ärger ärgerlich ärgern	bewässern Wasser wässrig	scherzen scherzhaft Scherz
fürchten Furcht fürchterlich	Liebe lieblich lieben	verunglücken Unglück unglücklich	erschrecken schrecklich Schreck
Anstrengung anstrengen anstrengend	trocken Trockenheit trocknen	Farbe farbig färben	ängstlich ängstigen Angst
hungrig Hunger hungern	rätselhaft rätseln Rätsel	gelehrig Lehrer lehren	Vertrauen vertraulich vertrauen
anhänglich Anhänger anhängen	zeichenhaft Zeichnung zeichnen	Fahrer befahrbar fahren	anfeuern Feuer feurig
offen Öffnung öffnen	Spiegel spiegeln gespiegelt	regnerisch regnen Regen	waschen Wäsche verwaschen
Getränk trinken trinkbar	vergraben Graben graben	verbrannt brennen Brand	Lüge gelogen lügen
sonnig Sonne sonnen	Gelächter lachen lächerlich	alt Alter altern	gedulden Geduld geduldig

Nomen, Verben, Adjektive

Aufgabe 1: *Unterstreiche in den Sätzen alle a) Nomen, b) Verben und c) Adjektive.*

Aufgabe 2: *Schreibe alle Nomen in Einzahl (Singular) und Mehrzahl (Plural) auf.*

Aufgabe 3: *Schreibe alle Verben in der Grundform (Infinitiv) auf.*

Aufgabe 4: *Schreibe die Verben in der „Ich-Form" und in der „Du-Form" auf („beugen").*

Aufgabe 5: *Wähle 5 der Adjektive aus und schreibe sie in den drei Vergleichsformen auf.*

Beispiel: schnell – schneller – am schnellsten

1. Auf der Karnevalsfeier hüpfen viele geschminkte Clowns herum.
2. Der Pirat klettert über die hohen Tische und die langen Bänke.
3. Die Hexe möchte bunte Wolken und karierte Blumen zaubern.
4. Der Klassenraum ist mit prallen Luftballons und farbigen Girlanden geschmückt.
5. Die großen Fenster sind mit wilden Piratenköpfen bemalt.
6. Die Prinzessin trägt eine glitzernde Krone auf dem Kopf.
7. Der Zauberer sucht seinen goldenen Zauberstab und den magischen Umhang.
8. Ein gruseliges Gespenst schwebt im abgedunkelten Raum.
9. Der Matrose trägt einen blauen Anzug mit einem weißen Kragen.
10. Aufgepasst! Der schwerfällige Dino isst gerade all unsere leckeren Süßigkeiten!
11. Mit den großen, flachen Schuhen kann der Clown nicht rennen.
12. Wir essen frische Berliner und Anton singt ein fröhliches Lied.
13. Die kräftigen Gesichtsfarben kann man gar nicht gut abwaschen.
14. Bunte Luftschlangen hängen an der Tür und klitzekleines Konfetti liegt auf dem Boden.
15. Bei den lustigen Spielen macht die ganze Gruppe mit, tanzt und ist fröhlich.
16. Timo schwitzt unter seiner schönen Maske.
17. Die Lehrerin hat sich ein weites Kleid genäht. Heute verteilt sie süße Berliner.
18. Sogar der langhaarige Schulhund ist mit einem roten Hut verkleidet.
19. Die Hose mit den angesagten Flicken möchte ich öfter tragen.
20. Nach so viel Spaß auf der coolen Feier können alle gut schlafen.

LERNEINHEITEN GRAMMATIK
Band 3: Gemischte Übungen zur Vertiefung – Bestell-Nr. 13 064

Welches Wort passt nicht in die Reihe?

Aufgabe 1: *In jeder Reihe gehört ein Wort nicht zu der Wortart in der Reihe. Markiere es.*

Aufgabe 2: *Welche Wortart kommt in den einzelnen Reihen vor? Welches Wort ist falsch? Zu welcher Wortart gehört das falsche Wort?*

Aufgabe 3: *Schreibe mit jedem falschen Wort einen Satz.*

Aufgabe 4: *Schaffst du es, eine Geschichte mit den falschen Wörtern zu schreiben?*

WIND	HAUS	KELLER	BAUM	BAUEN	TREPPE
WILD	KALT	KÄLTE	TIEF	TROCKEN	WINDIG
BLUME	BRINGEN	BLÜHEN	BLUTEN	BITTEN	BEZAHLEN
TROCKEN	LEISE	UNTEN	AMPEL	BLAU	DUNKEL
MUTTER	TOCHTER	FAMILIE	MUT	GARTEN	MUTIG
ZAHLEN	ZIEHEN	ZAPPELN	ZAHL	ZEIGEN	ZEICHNEN
PEINLICH	PLANEN	PAPPIG	PERFEKT	PLATT	PUTZIG
MALER	MÄRCHEN	METALL	MITTAG	MUNTER	MINUTE
HÖREN	HUSCHEN	HILFREICH	HELFEN	HUMPELN	HUSTEN

1. Reihe	Wortart:	falsches Wort / Wortart:
2. Reihe	Wortart:	falsches Wort / Wortart:
3. Reihe	Wortart:	falsches Wort / Wortart:
4. Reihe	Wortart:	falsches Wort / Wortart:
5. Reihe	Wortart:	falsches Wort / Wortart:
6. Reihe	Wortart:	falsches Wort / Wortart:
7. Reihe	Wortart:	falsches Wort / Wortart:
8. Reihe	Wortart:	falsches Wort / Wortart:
9. Reihe	Wortart:	falsches Wort / Wortart:

Spiele, Spiele, Spiele

1. **„Stadt, Land, Fluss"**

Übertrage die Spieltabelle im Querformat auf eine Heftseite. Legt den Anfangsbuchstaben mit einer ABC-Drehscheibe fest. Wer alle Felder ausgefüllt hat, ruft „Stopp!".

Stadt	Land	Nomen	Adjektiv	Verb	Obst/ Gemüse	Tier	Name	Punkte

Punkteverteilung:
10 Punkte – für jedes richtige Wort, das nur 1x in der Spielrunde vorkommt
20 Punkte – nur einer der Spieler hat ein richtiges Wort
5 Punkte – 2 oder mehrere Spieler haben das gleiche Wort

2. **„Zusammengesetzte Nomen"**

Alle sitzen um den abgeräumten Tisch herum. Jeder hat ein Blatt mit 10 Strichen. Ein Spieler beginnt und wirft einem Mitspieler einen kleinen Ball zu. Der Spieler nennt dabei ein zusammengesetztes Nomen.
Wer den Ball fängt, sagt schnell ein neues zusammengesetztes Nomen.
Dabei muss das letzte des genannten Nomens an erster Stelle stehen.
Ist das Nomen richtig, darf der er einen Strich auf seinem Blatt durchstreichen. Sieger ist, wer zuerst alle 10 Striche durchgestrichen hat.

Stubenfliege – Fliegenpilz – Pilzsuppe – Suppenteller – Teller? ________

3. **„Versteckte Wörter finden"**

In jedem Wort hat sich ein Tiername versteckt. Stellt eine Sanduhr oder einen Kurzzeitwecker in die Tischmitte. Wer hat nach Ablauf der Zeit die meisten Tiere gefunden?

Radler	Beule	Zugnummer	drehen	Taxigeld	Auwald
Schmaus	achthundert	Ameise	Tonziegel	Waffel	angrillen
Klaus	Kelch	Wolfgang	Festsaal	Geschnatter	Leselampe
Kamelie	Fichtenhain	abstauben	Eidotter	Schummelei	Knopfaugen
Schuhnagel	Kupferdach	Sechseck	Rente	Haustier	schmücken
geschafft	Ziegelstein	Streber	empfohlen	richtiger	Saum

LERNEINHEITEN GRAMMATIK
Band 3: Gemischte Übungen zur Vertiefung – Bestell-Nr. 13 064

Hier gibt es viel zu sehen

__Aufgabe 1__: *Suche auf den Bildern nach Nomen, Adjektiven und Verben. Schreibe die Wörter in eine Tabelle. Ordne sie nach dem ABC.*

__Aufgabe 2__: *Schreibe je 5 Fragesätze und 5 Aussagesätze zu den Bildern.*

__Aufgabe 3__: *Welche Bilder kannst du einem Oberbegriff zuordnen?*

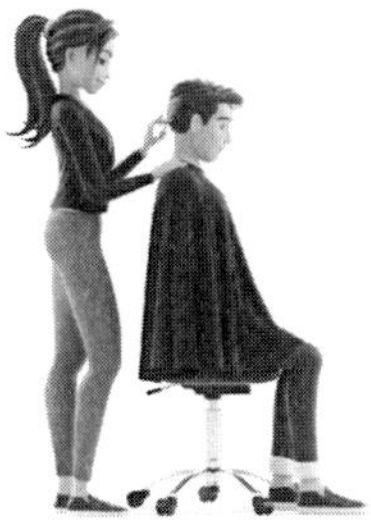

Pronomen über Pronomen

Pronomen (auch Fürwörter genannt) sind Stellvertreter von Nomen, also Personen oder Dingen. So kann man unschöne Wiederholungen vermeiden.

<u>Aufgabe 1</u>: *Ersetze die Nomen durch Fürwörter (Pronomen).*

er – er – ihm – ihr – er – er – sie – ich – sie – sie – ihren – du – dein – euch – ihr – meine – mir – ihre – sie – es – ich – ihnen – ihr

Clara sucht _____ Filzstifte. _____ möchte ein Bild malen. _____ ist für Opa. _____ liegt im Krankenhaus. An Weihnachten darf _____ wieder nach Hause, hat der Arzt _____ gesagt. Clara ist froh darüber. Die Nachricht gefällt _____ sehr! Opa ist natürlich auch ganz glücklich, wenn _____ wieder zuhause ist. _____ hat ja auch eine Katze. _____ muss versorgt werden.

„_____ hoffe, die Nachbarskinder füttern ____ gut", sagt Opa. „_____ sind beide sehr zuverlässig. ____ habe ________ ein paar Euro für _____ Sparschwein versprochen. Damit wollen die beiden ________ Eltern ein kleines Weihnachtsgeschenk kaufen." Opa fügt hinzu: „Clara, wenn ______ und ______ Bruder _____ auch das Taschengeld aufbessern wollt, könnt _______ noch ______ Pflanzen gießen oder ______ einen kleinen Kuchen backen. Wie wäre das?"

<u>Aufgabe 2</u>: *Wem gehört was? Setze die Possessivpronomen ein.*

Das Auto gehört Familie Klein. Es ist _______ Auto. In der Villa wohnen drei Frauen. Es ist ______ Villa. „Du hast einen neuen Fußball? Ist das ______ Fußball?" „Die Schwester ________ Vaters ist _______ Tante. ________ Name ist Elisabeth, darum nenne ich _____ einfach ‚Tante Lisa'". „Ihr habt nicht für die Arbeit gelernt? Nun, das ist jetzt __________ Problem. Es ist nicht ______ Problem, denn ICH habe mit ________ Schwester dafür gelernt."

KOHL VERLAG Lernen mit Erfolg
LERNEINHEITEN GRAMMATIK
Band 3: Gemischte Übungen zur Vertiefung – Bestell-Nr. 13 064

Finde die Präpositionen

Aufgabe: *Die Maus möchte sich vor der Katze verstecken. Schreibe zu jedem Bild einen Satz und setze die richtigen Präpositionen ein. Wenn du es richtig gemacht hast, findest du von links nach rechts ein Lösungswort.*

Lösungswort:

1	2	3	4	5	6	7	8	9	10

auf	A	1.	in	E	2.
unter	V		um	M	
hinter	H		unter	L	
über	E	3.	über	S	4.
hinter	S		an	N	
neben	R		vor	R	
zwischen	T	5.	im	G	6.
hinter	E		vor	E	
neben	O		auf	A	
vor	P	7.	in	R	8.
am	U		am	K	
auf	C		unter	S	
in	H	9.	im	N	10.
vor	L		neben	G	
hinter	E		auf	A	

Rund ums Wetter – Wortarten-Mandala

Aufgabe 1: *In diesen Farben malst du die Felder aus:*

Nomen – rot; Verben – blau; Adjektive – gelb; Pronomen – grün; Präpositionen – orange; Artikel – lila

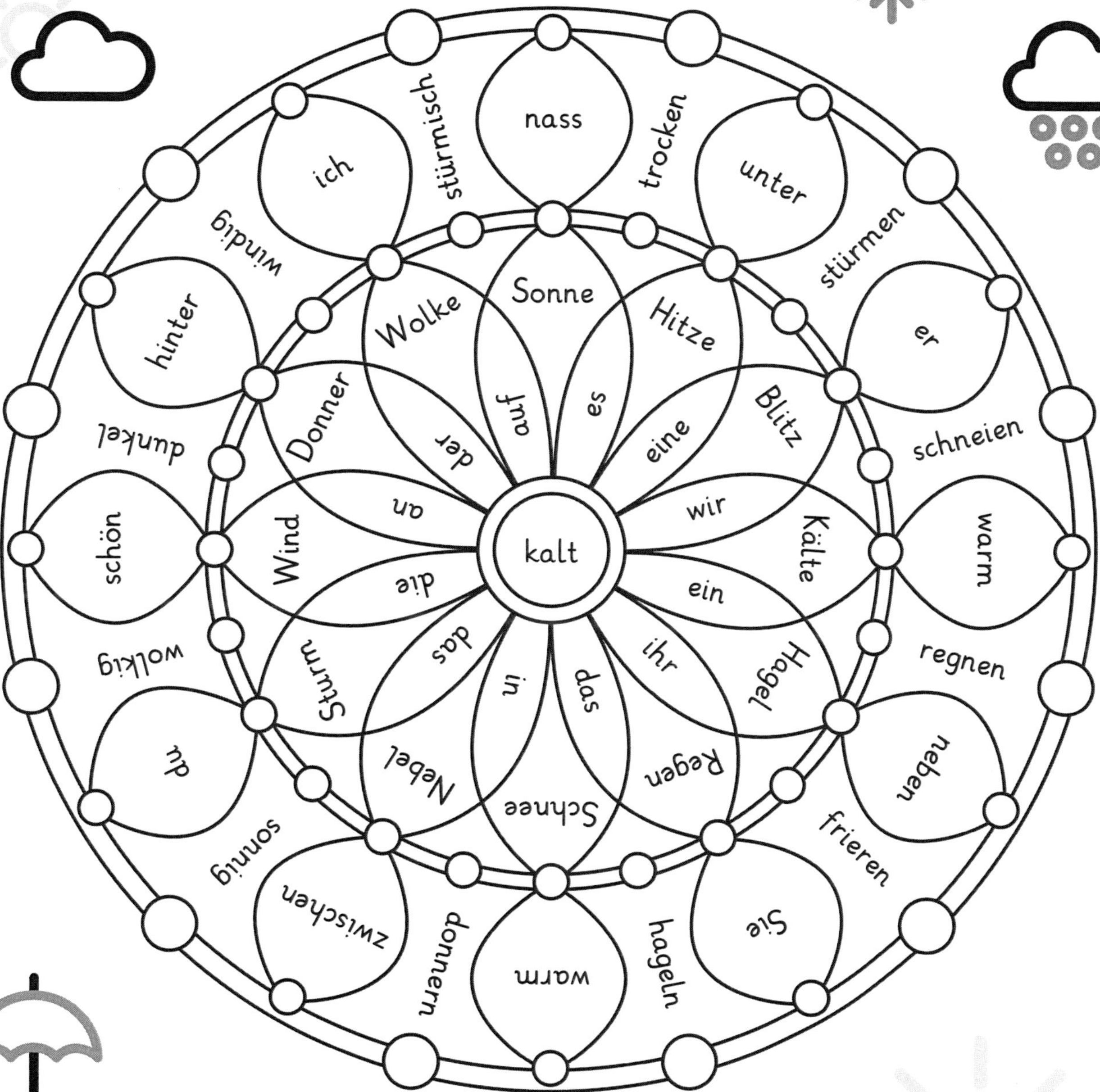

kalt

es, eine, wir, ein, ihr, das, in, das, die, an, der, auf

Sonne, Hitze, Blitz, Kälte, Hagel, Regen, Schnee, Nebel, Sturm, Wind, Donner, Wolke

nass, trocken, unter, stürmen, er, schneien, warm, regnen, neben, frieren, Sie, hageln, warm, donnern, zwischen, sonnig, du, wolkig, schön, dunkel, hinter, windig, ich, stürmisch

Aufgabe 2: *Schreibe eine Geschichte, in der viele dieser Wörter vorkommen.*

LERNEINHEITEN GRAMMATIK
Band 3: Gemischte Übungen zur Vertiefung – Bestell-Nr. 13 064

Welcher Artikel passt? 1 1/2

__Aufgabe:__ *Finde Reihe für Reihe den richtigen Artikel, dann ergibt sich ein Lösungssatz.*

Nr.	Artikel			Nr.	Artikel		
1.	der	X	O	2.	der		I
	die		P		die		H
	das		M		das		L
3.	der		A	4.	der		W
	die		S		die		E
	das		N		das		N
5.	der		A	6.	der		K
	die		E		die		O
	das		G		das		R
7.	der		A	8.	der		P
	die		T		die		I
	das		G		das		U
9.	der		K	10.	der		T
	die		C		die		L
	das		V		das		E
11.	der		A	12.	der		G
	die		L		die		H
	das		S		das		Z

Welcher Artikel passt? 1

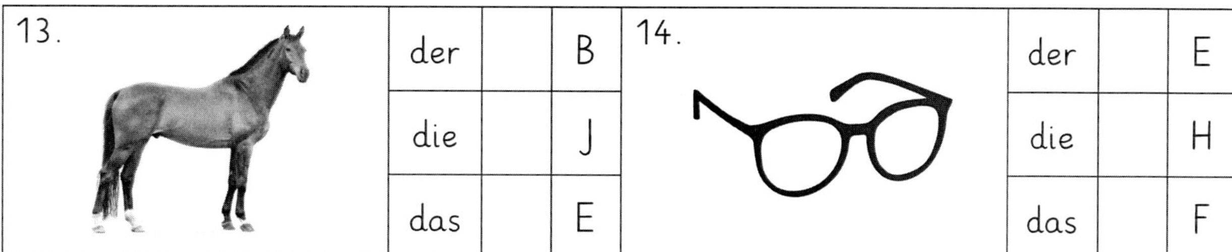

Nr.	Artikel		Buchstabe	Nr.	Artikel		Buchstabe
13.	der		B	14.	der		E
	die		J		die		H
	das		E		das		F
15.	der		T	16.	der		K
	die		P		die		W
	das		R		das		E
17.	der		A	18.	der		N
	die		S		die		E
	das		L		das		G
19.	der		T	20.	der		C
	die		M		die		N
	das		I		das		D
21.	der		H	22.	der		Q
	die		P		die		F
	das		X		das		T

Lösungssatz:

1	2	3	4

5	6	7	8	9	10	11

12	13	14	15

16	17

18	19	20	21	22

LERNEINHEITEN GRAMMATIK
Band 3: Gemischte Übungen zur Vertiefung – Bestell-Nr. 13 064
KOHL VERLAG Lernen mit Erfolg

Welcher Artikel passt? 2

Aufgabe 1: *Kreuze die richtigen Artikel an. Du erhältst (von links nach rechts gelesen) ein Lösungswort.*

Aufgabe 2: *Schreibe zu jedem Tier einen Satz.*

Beispiel: Die Katze jagt gerne Mäuse.

	der		U	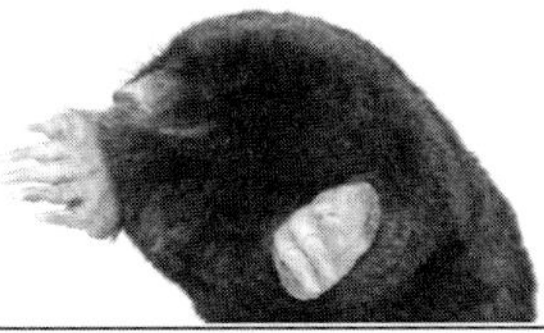	der		T
	die		S		die		A
	das		B		das		E
	der		T		der		S
	die		P		die		E
	das		R		das		K
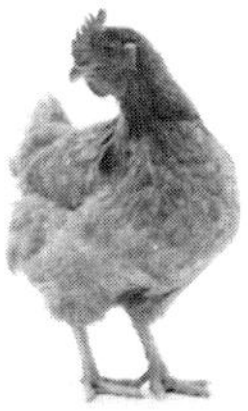	der		F		der		C
	die		H		die		A
	das		I		das		N
	der		E		der		T
	die		O		die		E
	das		H		das		K
	der		L		der		X
	die		S		die		Z
	das		M		das		V
	der		O		der		E
	die		U		die		H
	das		R		das		O

Nomen und ihre Artikel

<u>Aufgabe 1</u>: *Finde im Suchsel die Nomen aus der Wörterschlange.*

<u>Aufgabe 2</u>: *Schreibe sie sortiert nach ihren bestimmten Artikeln in eine Tabelle. Schreibe auch die unbestimmten Artikel dazu.*

D	S	Q	A	W	X	H	Y	H	G	B	J	O	P	G	A	S	F	L	P
D	X	E	Y	P	L	O	M	B	G	I	R	I	N	G	W	V	H	K	L
W	U	N	B	B	G	S	F	T	Z	V	B	I	U	S	T	B	A	O	U
Z	I	T	T	I	X	E	G	J	G	A	U	T	O	U	O	H	U	R	I
I	O	E	H	L	G	H	C	M	N	F	Q	W	Y	Z	L	K	S	E	L
T	A	S	Y	D	F	G	W	H	J	B	L	U	M	E	O	P	N	M	H
R	O	J	C	W	B	X	O	F	Q	A	W	D	K	I	H	E	X	E	U
O	T	L	K	V	U	J	L	K	H	U	T	S	L	O	Z	E	A	S	N
N	R	S	A	A	C	F	F	H	J	I	P	O	X	C	U	T	R	Q	D
E	T	Z	T	D	H	Ü	S	W	T	R	Ü	J	T	T	A	U	B	E	L
Q	U	E	L	L	E	D	C	Ä	Z	F	G	K	Ä	D	Z	P	S	I	K
S	R	R	R	P	O	Ö	P	I	B	O	O	T	J	C	R	F	D	U	J
B	A	U	M	K	G	W	Ö	O	P	K	H	U	Z	N	J	G	A	Z	H
S	G	T	D	A	Y	Z	A	U	N	B	G	V	F	E	K	B	C	T	Z
L	P	K	A	T	Z	E	O	I	H	Z	D	G	F	S	P	V	H	R	T
V	G	H	J	U	I	B	C	K	I	N	D	Y	X	T	O	H	W	O	R
E	R	T	H	G	B	J	O	U	F	D	Z	U	P	D	B	R	I	E	F
I	D	K	U	C	H	E	N	I	H	R	Z	L	O	X	A	X	Y	H	E
S	R	G	U	K	Z	W	A	D	S	U	I	K	K	I	S	T	E	J	W
I	H	G	C	P	A	P	A	G	E	I	X	W	S	C	G	X	Q	A	S

HOSERINGHAUSHUNDHEXETAUBEHUTAUTOBLUMEWOLFBUCH

QUELLEZITRONEENTEBILDBAUMBOOTZAUNDACHNESTKATZE

KINDBRIEFKISTEKUCHENEISPAPAGEI

LERNEINHEITEN GRAMMATIK
Band 3: Gemischte Übungen zur Vertiefung – Bestell-Nr. 13 064

M22 Hier fehlen die Artikel

Aufgabe 1: *Setze die fehlenden Artikel in die Lücken ein.*

der – der – der – der– der – der – der– der – der – der – der – der –
die – die – die – die – die – die – die – die – die – die – das – das –
das – das – das – das – das – das – das – das – das – ein – ein – ein –
ein – ein – ein – ein – eine – eine – eine – eine – eine

Aufgabe 2: *Schreibe auch*
a) alle Nomen (Einzahl/Mehrzahl), b) Verben (Grundform) und
c) Adjektive mit Steigerungsformen) aus dem Text auf.

Heute ist ____ Wetter schön. Da möchte ich mir ____ Eis holen. Vor ____ Eisdiele ist _____ Warteschlange. ____ Eisverkäufer ist ganz aufgeregt. ____ Schildmütze rutscht ihm schon tief ins Gesicht. ____ Zitronen-Eisschale ist schon leer. _____ Frau stellt _____ Ersatzschale in ____ Theke. ____ Junge in ____ Schlange weint schon. Es dauert aber auch lange! ____ Mutter tröstet ihn. Jetzt fallen auch noch ____ Servietten von ____ Theke herunter. Ich lese schon einmal ____ Eiskarte über ____ Theke. _____ Eissorte kenne ich noch nicht. Ob ich ____ Mango-Eis einmal versuchen soll? Jetzt hilft noch ____ Mann hinter ____ Theke aus. Nun geht es etwas schneller. _____ Frau bezahlt ____ Eis. Dabei stößt sie ____ Kind an. ____ Kind lässt ____ Eis fallen und schreit ganz laut. ____ Leute vor ____ Theke schimpfen mit ____ Frau. Aber ____ Frau kauft schnell noch ____ Schokoladen-Eis für ____ Kind. Sofort hört ____ Kind auf zu schreien. Langsam wird ____ Warteschlange vor mir kürzer. Ich habe ____ Geld schon abgezählt in ____ Hand. Jetzt stehe ich endlich vor ____ Theke. Aber jetzt ist ____ Mango-Eis ausverkauft. Schnell entscheide ich mich für ____ Zitronen-Eis. ____ esse ich besonders gerne. Auf ____ Bank ist kein Platz mehr. Dann gehe ich eben langsam bis zu ____ Wiese. Hier schlecke ich ____ Eis in Ruhe. Gerne würde ich noch ____ zweites Eis essen. Aber dann müsste ich mich wieder in ____ Warteschlange stellen. Lieber nicht!

Verschiedene Satzarten

Aufgabe 1: Aussagesätze

Schreibe 7 Aussagesätze. Beuge dabei das Verb. Ergänze den Artikel, wenn nötig. **Beispiel:** Wir essen Bananen.

ich	malen	Banane
du	gehen	Kuchen
er	essen	Bild
sie	bringen	Obst
wir	holen	Kuh
ihr	tragen	Bett
sie	hüpfen	Straße

Aufgabe 2: Fragesätze

Schreibe 7 Fragesätze. Beuge dabei das Verb. Ergänze den Artikel, wenn nötig. **Beispiel:** Wo klettert der Rabe?

wer	sein	Rabe
wann	lernen	Leiter
wo	kaufen	Salat
was	schlafen	Ball
wie	tragen	Kuh
warum	spielen	Freibad
wohin	klettern	Sofa

Aufgabe 3: Ausrufesätze/Befehlsätze

Schreibe 7 Ausrufe-/Befehlsätze. Beuge dabei das Verb. Ergänze den Artikel, wenn nötig. **Beispiel:** Schließe schnell das Fenster!

Fenster	aufräumen	schnell
Zimmer	schließen	vorher
Tasche	kaufen	sofort
Schule	bringen	zuerst
Brot	tragen	morgen
Paket	gehen	deutlich
Hose	holen	still

Fragesätze und Aussagesätze bilden

Aufgabe: *Schneide die Satzbausteine aus und lege je einen Fragesatz und einen Aussagesatz daraus. Klebe die Sätze auf ein Blatt. Schreibe die Sätze darunter und achte auf die Satzanfänge.*

Beispiel:

laut	Hunde	bellen	Hunde bellen laut	.
laut	Hunde	bellen	Bellen Hunde laut	?

bewegt sich	sehr langsam	die Schnecke	.
bewegt sich	sehr langsam	die Schnecke	?

in das	der Ball	Fenster	fliegt	.
in das	der Ball	Fenster	fliegt	?

einen	langen	haben	Giraffen	Hals	.
einen	langen	haben	Giraffen	Hals	?

habe	verloren	meinen	ich	Schlüssel	.
habe	verloren	meinen	ich	Schlüssel	?

als Clown	Karneval	mich	ich	verkleide	an	.
als Clown	Karneval	mich	ich	verkleide	an	?

Ferien	in den	zu meinen	fahre ich	Großeltern	.
Ferien	in den	zu meinen	fahre ich	Großeltern	?

M25

Satzschlusszeichen ergänzen . ? !

<u>Aufgabe 1</u>: *Setze die fehlenden Satzschlusszeichen ein und überprüfe.*

<u>Aufgabe 2</u>: *Bildet Gruppen. Wer alles richtig hat, darf seiner Gruppe die Sätze vorlesen. Alle Gruppenmitglieder stehen zunächst auf. Endet der vorgelesene Satz mit einem <u>Punkt</u>, gehen alle schnell in die <u>Hocke</u>. Endet er mit einem <u>Fragezeichen</u>, <u>setzen</u> sich alle schnell auf ihren Stuhl. Bei einem <u>Ausrufezeichen</u> müssen schnell die <u>Arme in die Luft</u> gestreckt werden. Ihr könnt auch einen anderen Text verwenden.*

Der Tierpfleger im Zoo beginnt um 16.00 Uhr mit der Fütterung	
Bitte kein Brot in die Gehege werfen	
Möchtet ihr auch noch zu den Seehunden	
Seid nicht so laut im Vogelhaus	
Wer hat denn meine Schokolade gegessen	
Im Giraffengehege ist eine neue Giraffe eingezogen	
Nicht an die Scheibe klopfen	
Habt ihr auch ein Foto von den Pinguinen gemacht	
Die kleinen Bärenkinder haben sich gut versteckt	
Greife nicht mit der Hand durch die Gitterstäbe	
Wer möchte noch einen Apfel essen	
Die Affen machen heute besonders viel Lärm	

KOHL VERLAG
LERNEINHEITEN GRAMMATIK
Band 3: Gemischte Übungen zur Vertiefung – Bestell-Nr. 13 064

Reimwörter – Quadromino

Aufgabe 1: *Schneide die Kärtchen auseinander. Dann legst du die Reimwörter aneinander und klebe sie auf ein Blatt.*

Aufgabe 2: *Finde für die Reimwörter, die sich am äußeren Rand befinden, ebenfalls Reimwörter. Schreibe diese Reimwortpaare auf.*

Beispiel: Traum – Baum

Fuchs Hund – Kuss Sonne	Tasse Nuss – Kissen Hand	Schauer Bissen – Engel Schrank	Rüssel Bengel – Schimmel Kopf
Tonne Stift – Mai Hase	Wand Hai – Kuh Matte	Bank Schuh – Ast Sturm	Topf Hast – Leute Bild
Vase Pappe – Sessel Haus	Ratte Kessel – Wolle Fisch	Turm Rolle – Pflaster Dose	Schild Laster – Affe Löwe
Maus Katze – Nest Lücke	Tisch Fest – Stern Keller	Hose Kern – Sahne Zwerg	Möwe Fahne – Wicht Tante
Mücke Buch – Schal Seife	Teller Wal – Hahn Reise	Berg Zahn – Meise Flasche	Kante Speise – Traum Mut

Finde die Reimwörter

Aufgabe 1: *a) Suche die passenden Reimwörter aus dem Kasten zu den Bildern und schreibe sie unter die Bilder.*

Kopf, Bach, Dose, Schuh, Suppe, Hagel, Tanne, Herd, Tee, Hecke, Fliege, Pinsel, Spiegel, Sand, Zeh

b) Finde noch weitere Reimwörter zu den jeweiligen Bildern.

Aufgabe 2: *Unterstreiche alle gemeinsamen Buchstaben der Reimwortpaare mit einem roten Stift. Was fällt dir auf, wenn sich zwei Wörter reimen?*

LERNEINHEITEN GRAMMATIK
Band 3: Gemischte Übungen zur Vertiefung – Bestell-Nr. 13 064

Schreibe einen lustigen Reim

Nicht nur Nomen können sich reimen. Auch für Adjektive und Verben kannst du Reimwörter finden.

Aufgabe 1: a) *Finde die fehlenden Reimwörter.*

b) *Suche weitere Reimwörter z.B. für Masche, Locke, Licht, Reise …*

reiben, tr…, bl…, schr…	lenken, d…, s…
kauen, sch…, tr…, b…, br…	Leben, schw…, w…, kl…
fragen, n…, tr…, s…, j…, kl…, M…	bringen, spr…, zw…, s…, kl…
gehen, w…, s…, fl…., st….	fliegen, s…, w…, l…, b…
raufen, t…, k…, l….,	flicken, st…, str…, kl…
lachen, m…, w…, S…, kr…	leise, w…
Fluss, K…, N…, Schl…, m…	rund, ges…, w…, Schl…, H…
bricht, st…, d…, S…, L…, n…	schlank, kr…, B…, Schr….
suchen, b…, fl…, K…,	weich, bl…, r…, Sch…, gl…

Aufgabe 2: *Schreibe lustige Reime und versuche, möglichst viele Reimwörter zu verwenden.*

„Alle haben den lieben Dieb mit dem Sieb lieb"
„Der schlaffe Affe bringt der Giraffe die Karaffe."
„Ich bin erschrocken vor den trockenen Socken."

Aufgabe 3: *Schreibe Sätze, in denen jedes Wort mit dem gleichen Buchstaben beginnt (Dies nennt man auch eine Alliteration).*

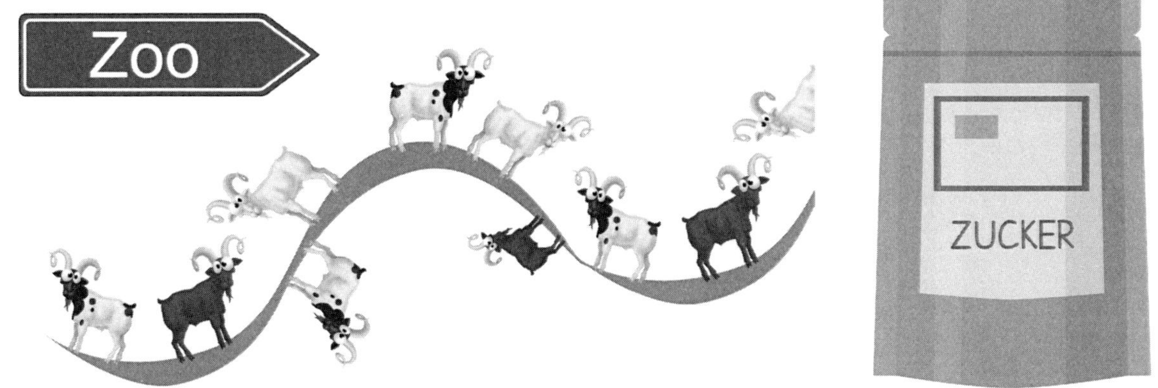

„Zehn zahme Ziegen zogen zehn Zentner Zucker zum Zoo."

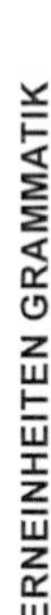

Das habe ich schon geschafft 1

Material	Datum	☺	😐	☹
M1				
M2				
M3				
M4				
M5				
M6				
M7				
M8				
M9				
M10				
M11				
M12				
M13				
M14				
M15				

LERNEINHEITEN GRAMMATIK
Band 3: Gemischte Übungen zur Vertiefung – Bestell-Nr. 13 064

Das habe ich schon geschafft 2

Material	Datum	☺	😐	☹
M16				
M17				
M18				
M19				
M20				
M21				
M22				
M23				
M24				
M25				
M26				
M27				
M28				

Lösungen

M1 Allerlei Nomen in Einzahl und Mehrzahl

Aufgabe 1:

der Mixer, der Ärmel, das Segel, der Kragen, der Ordner, der Tunnel, der Lastwagen, der Fahrer, das Gebäude, das Becken, der Spaten, das Pulver, der Schenkel, der Bürger, der Brunnen, der Engel, der Enkel, der Esel, der Dampfer, der Boxer, der Igel, das Ufer, der Kellner, das Opfer, der Faden, der Bohrer, der Anker, der Löffel, der Sessel, der Pinsel, die Post, die Treue, der Stolz, der Glanz, das Pech, der Frieden, das Gold, die Kälte, das Silber, der Regen, der Durst, der Hunger, der Mut, die Ruhe, der Schutz, das Gepäck, die Erde, die Wärme, das Alter, das Laub, das All, das Obst, das Gemüse, das Vieh, das Fleisch

Aufgabe 2:

a) Nomen mit unveränderlicher Einzahl und Mehrzahl

Mixer, Ärmel, Segel, Kragen, Ordner, Tunnel, Lastwagen, Fahrer, Gebäude, Becken, Spaten, Pulver, Schenkel, Bürger, Brunnen, Engel, Enkel, Esel, Dampfer, Boxer, Igel, Ufer, Kellner, Opfer, Faden, Bohrer, Anker, Löffel, Sessel, Pinsel,

b) Nomen, die es nur in der Einzahl oder nur in der Mehrzahl gibt

Post, Treue, Stolz, Glanz, Pech, Frieden, Gold, Kälte, Silber, Regen, Durst, Hunger, Mut, Ruhe, Schutz, Gepäck, Erde, Wärme, Alter, Laub, All, Obst, Gemüse, Vieh, Fleisch

Aufgabe 3:

Mit einer Endsilbe zum Adjektiv

friedlich, goldig, regnerisch, pulvrig, bürgerlich, durstig, hungrig, mutig, ruhig, pinselig, erdig, fleischig, glänzig, fahrbar, zumutbar, ältlich, obstig (*schweiz.*)

Aufgabe 4:

All, Alter, Anker, Ärmel, Becken, Bohrer, Boxer, Brunnen, Bürger, Dampfer, Durst, Engel, Enkel, Erde, Esel, Faden, Fahrer, Fleisch, Frieden, Gebäude, Gemüse, Gepäck, Glanz, Gold, Hunger, Igel, Kälte, Kellner, Kragen, Lastwagen, Laub, Löffel, Mixer, Mut, Obst, Opfer, Ordner, Pech, Pinsel, Post, Pulver, Regen, Ruhe, Schenkel, Schutz, Segel, Sessel, Silber, Spaten, Stolz, Treue, Tunnel, Ufer, Vieh, Wärme

Aufgabe 5: individuelle Lösungen, Beispiel: Ober + Schenkel = Oberschenkel

M2 Verben und Nomen

Arzt – untersuchen	Tischler – sägen	Lied – singen
Eis – essen	Lehrer – unterrichten	Bild – malen
Wäsche – waschen	Polizist – verhaften	Geschirr – spülen
Auto – fahren	Zahnarzt – bohren	Suppe – kochen
Radio – hören	Zeitung – lesen	Gärtner – pflanzen
Feuerwehr – löschen	Geld – bezahlen	Koffer – packen
Fenster – putzen	Saft – trinken	

M3 Nomen oder Verb?

Aufgabe 1:

Lösungssatz 1: MACHE DIE NOMENPROBE

Lösungssatz 2: DU BIST DAS SUPERHIRN

Aufgabe 2: individuelle Lösungen

Lösungen

M4 Verben für die Gruselgeschichte

Aufgabe 1:

Wortfeld „sagen“: brüllen, sprechen, plappern, kreischen, brummen, hauchen, fragen, stottern, quasseln, tuscheln, plaudern, rufen, schluchzen, befehlen, reden, schimpfen, flüstern, schnattern, schreien, ansprechen, jammern

Wortfeld „gehen“: stapfen, stolzieren, klettern, trippeln, rennen, wanken, huschen, latschen, stampfen, schlurfen, schleichen, laufen, kriechen, hetzen, stolpern, trampeln, stürmen, flitzen, schreiten, humpeln, krabbeln

M5 Adjektive zum Gruseln

Aufgabe 1:

	S						U	N	H	E	I	M	L	I	C	H			S
	C			H	Ö	L	L	I	S	C	H							A	C
T	H		G			S	C	H	A	U	R	I	G		D		V	B	H
O	E		R	B			S	E	L	T	S	A	M		U		E	S	A
T	U		A	E		F									N		R	C	U
E	ß		U	D		I			D	Ü	S	T	E	R	K		L	H	D
N	L		E	R		N									E		A	E	E
S	I		N	O		S		B	L	U	T	R	O	T	L		S	U	R
T	C		H	H		T											S	L	H
I	H		A	L		E		D	Ä	M	M	R	I	G			E	I	A
L			F	I		R											N	C	F
L			T	C				G	E	S	P	E	N	S	T	I	G	H	T
				H		F	Ü	R	C	H	T	E	R	L	I	C	H		
		G	E	H	E	I	M	N	I	S	V	O	L	L					
					E	N	T	S	E	T	Z	L	I	C	H				

Aufgabe 2:

individuelle Lösungen

M6 Tierische Adjektive

Aufgabe 1:

So langsam wie eine Schnecke.
So schwarz wie ein Rabe
So stark wie ein Bär.
So schlau wie ein Fuchs.
So treu wie ein Hund.

So stumm wie ein Fisch.
So lahm wie eine Ente.
So stolz wie ein Pfau.
So störrisch wie ein Esel.
So fleißig wie eine Biene.

Aufgabe 2: individuelle Lösungen

M7 Welche Adjektive passen zu den Nomen?

Aufgabe 1:

Elefant – groß / grau; Zitrone – gelb / sauer; Banane – gelb / krumm; Schneemann – kalt / weiß; Schere – spitz / scharf; Sonne – hell / heiß; Hose – lang / weit;

Aufgabe 2: individuelle Lösungen

Lösungen

M8 Nomen und Adjektive

Aufgabe 1: Lösungswort: RATEKÜNSTLER

Aufgabe 2: individuelle Lösungen

Aufgabe 3: ein schnelles Auto / eine leere Tube / ein junger Hund / eine goldene Uhr / ein dünnes Brett / eine steile Treppe

M9 Adjektive und ihre Gegensätze

Aufgabe 1:

Ich setze mich an den Tisch, weil ich **hungrig** bin. Nach dem Essen bin ich richtig **satt**.
Im Frühling ist es schon **hell**, wenn ich zur Schule gehe. Im Winter ist es aber noch dunkel.
In meinem Mathetest sind zwei Aufgaben **falsch** gerechnet. Nach der Verbesserung ist die Aufgabe dann **richtig**.
Heute regnet es, da spiele ich lieber **drinnen**. Wenn die Sonne scheint, kann man besser **draußen** spielen.
Beim Wettlauf muss man **schnell** sein. Wer zu **langsam** ist, kann nicht gewinnen.
Der frische Orangensaft ist ganz **süß**. Aber der Zitronensaft ist richtig **sauer**.
Der Tee ist mir zu **heiß**. Ich trinke ihn lieber erst, wenn er **kalt** ist.
Der Briefumschlag ist **verschlossen**. Wenn er **geöffnet** ist, kann den Brief ja jeder lesen.
Die **hohen** Treppenstufen führen in den Turm hinauf. Die Raumhöhe ist dort jedoch sehr **niedrig**.
Ein **alter** Hund liegt gerne in seinem Körbchen, während ein **junger** Hund lieber lebhaft umherspringt.
Dein Bleistift ist ja ganz **stumpf**. Nur wenn der Stift **spitz** ist, kannst du schön schreiben.
Die Gummibärchentüte ist schon **leer**. Eben ist sie noch **voll** gewesen.
Peter trägt den Umzugskarton mit Geschirr. Ich bin zu **schwach**, um ihn zu tragen, doch Peter ist **stark** genug.
Das Gelächter über die Späße des Clowns ist **laut**. Bei der Raubtiernummer ist es hingegen ganz **leise**.
Die **gute** Fee hilft Dornröschen. Die **böse** Fee hingegen will Dornröschen töten.

M10 Bilde Adjektive aus den Nomen

Die **kleine** Katze ist noch sehr **ängstlich**. Heute kommt eine **lustige** Komödie im Kino. Für das Sportfest muss man recht **sportlich** sein. Im Zoo gibt es auch **giftige** Schlangen. Die neuen Nachbarn sind sehr **freundlich**.
Es ist **gefährlich**, auf den Baum zu klettern. Ich habe einen **länglichen** Riss in meiner Hose. Für die **schriftlichen** Hausaufgaben brauche ich ein neues Heft. An der Nordsee ist es meistens **windig**. Ich hoffe, der Bus ist heute **pünktlich**. Mein kleiner Bruder ist heute alleine in den Keller gegangen. Er ist ziemlich **mutig**. Bei der Klassenarbeit müssen wir alle ganz **ruhig** sein. Mein **aufgeregter** Hund hat mich nach der Schule freudig begrüßt. Die Geschichte ist richtig zum Lachen! Sie ist richtig **witzig**.Die alte Türe geht nur mit einem **kräftigen** Tritt auf. Es ist nie **langweilig**, den Affen beim Spielen zuzusehen.

M11 Finde die richtige Wortart

Aufgabe 1: a)

Nomen: Größe, Ärger, Wasser, Scherz, Furcht, Liebe. Unglück, Schreck, Anstrengung, Trockenheit, Farbe, Angst, Hunger, Rätsel, Lehrer, Vertrauen, Anhänger, Zeichnung, Fahrer, Feuer, Öffnung, Spiegel, Regen, Wäsche, Getränk, Graben, Brand, Lüge, Sonne, Gelächter, Alter, Geduld

Verben: vergrößern, ärgern, bewässern, scherzen, fürchten, lieben, verunglücken, erschrecken, anstrengen, trocknen, färben, ängstigen, hungern, rätseln, lehren, vertrauen, anhängen, zeichnen, fahren, anfeuern, öffnen, spiegeln, regnen, waschen, trinken, graben, brennen, lügen, sonnen, lachen, altern, gedulden

Adjektive: groß, ärgerlich, wässrig, scherzhaft, fürchterlich, lieblich, unglücklich, schrecklich, anstrengend, trocken, farbig, ängstlich, hungrig, rätselhaft, gelehrig, vertraulich, anhänglich, zeichenhaft, befahrbar, feurig, offen, gespiegelt, regnerisch, verwaschen, trinkbar, vergraben, verbrannt, gelogen, sonnig, lächerlich, alt, geduldig

b) individuelle Lösungen

Aufgabe 2: selbsterklärend

KOHL VERLAG LERNEINHEITEN GRAMMATIK Band 3: Gemischte Übungen zur Vertiefung – Bestell-Nr. 13 064

Lösungen

M12 Nomen, Verben, Adjektive

Aufgabe 1a + 2:

Nomen

die Karnevalsfeier – die Karnevalsfeiern, der Clown – die Clowns, der Pirat – die Piraten, der Tisch – die Tische, die Bank – die Bänke, die Hexe – die Hexen, die Wolke – die Wolken, die Blume – die Blumen, der Klassenraum – die Klassenräume, der Luftballon – die Luftballons, die Girlande – die Girlanden, das Fenster – die Fenster, der Piratenkopf – die Piratenköpfe, die Prinzessin – die Prinzessinnen, die Krone – die Kronen, der Kopf – die Köpfe, der Zauberer – die Zauberer, der Zauberstab – die Zauberstäbe, der Umhang – die Umhänge, das Gespenst – die Gespenster, der Raum – die Räume, der Matrose – die Matrosen, der Anzug – die Anzüge, der Kragen – die Kragen, der Dino – die Dinos, die Süßigkeit – die Süßigkeiten, der Schuh – die Schuhe, der Berliner – die Berliner, das Lied – die Lieder, die Gesichtsfarbe – die Gesichtsfarben, die Luftschlange – die Luftschlangen, die Tür – die Türen, das Konfetti (nur Einzahl, keine Mehrzahl möglich), der Boden – die Böden, das Spiel – die Spiele, die Gruppe – die Gruppen, die Maske – die Masken, die Lehrerin – die Lehrerinnen, das Kleid – die Kleider, der Schulhund – die Schulhunde, der Hut – die Hüte, die Hose – die Hosen, der Flicken – die Flicken, der Spaß – die Späße, die Feier – die Feiern

Aufgabe 1b, 3 + 4:

Verben
hüpfen - ich hüpfe, du hüpfst; klettern - ich klettere, du kletterst; möchten – ich möchte, du möchtest; zaubern - ich zaubere, du zauberst; sein – ich bin, du bist;; suchen – ich suche, du suchst; schweben – ich schwebe, du schwebst; tragen - ich trage, du trägst; haben – essen – ich esse, du isst; können – ich kann, du kannst; rennen – ich renne, du rennst; singen – ich singe, du singst; abwaschen – ich wasche ab, du wäschst ab; hängen – ich hänge, du hängst; liegen – ich liege, du liegst; mitmachen – ich mache mit, du machst mit; tanzen – ich tanze, du tanzt ; schwitzen – ich schwitze, du schwitzt; haben – ich habe, du hast; nähen – ich nähe, du nähst; verteilen – ich verteile, du verteilst; verkleiden – ich verkleide (mich), du verkleidest (dich); tragen – ich trage, du trägst; schlafen – ich schlafe, du schläfst;

Aufgabe 1c + 5:

Adjektive

a) geschminkt, hoch, lang, bunt, kariert, prall, farbig, groß, wild, glitzernd, golden, magisch, gruselig, abgedunkelt, blau, weiß, schwerfällig, lecker, groß, flach, frisch, fröhlich, kräftig, bunt, klitzeklein, lustig, fröhlich, schön, weit, süß, langhaarig, rot, angesagt, cool

b) Steigerungsformen:
lang – länger – am längsten; prall – praller – am prallsten; flach – flacher – am flachsten

M13 Welches Wort passt nicht in die Reihe?

Aufgabe 1+2:

1. Reihe	Wortart: Nomen	falsche Wortart: bauen - Verb
2. Reihe	Wortart: Adjektive	falsche Wortart: Kälte - Nomen
3. Reihe	Wortart: Verben	falsche Wortart: Blume - Nomen
4. Reihe	Wortart: Adjektive	falsche Wortart: Ampel - Nomen
5. Reihe	Wortart: Nomen	falsche Wortart: mutig - Adjektiv
6. Reihe	Wortart: Verben	falsche Wortart: Zahl - Nomen
7. Reihe	Wortart: Adjektive	falsche Wortart: planen - Verb
8. Reihe	Wortart: Nomen	falsche Wortart: munter - Adjektiv
9. Reihe	Wortart: Verben	falsche Wortart: hilfreich - Adjektiv

Aufgabe 3+4: individuelle Lösungen

Lösungen

M14 Spiele, Spiele, Spiele

3.

Radler	Beule	Zugnummer	drehen	Taxigeld	Auwald
Schmaus	achthundert	Ameise	Tonziegel	Waffel	angrillen
Klaus	Kelch	Wolfgang	Festsaal	Geschnatter	Leselampe
Kamelie	Fichtenhain	abstauben	Eidotter	Schummelei	Knopfaugen
Schuhnagel	Kupferdach	Sechseck	Rente	Haustier	schmücken
geschafft	Ziegelstein	Streber	empfohlen	richtiger	Saum

M15 Hier gibt es viel zu sehen

Beispiele:
1. Fahrrad, Kind, Maurer...
2. Fährt das Kind Rad? Das Kind fährt Rad. Das Kind hat einen Helm auf. ...
3. **mögliche Oberbegriffe:** Personen, Fahrzeuge, ...

M16 Pronomen über Pronomen

Aufgabe 1:

Clara sucht ihre Filzstifte. Sie möchte ein Bild malen. Es ist für Opa. Er liegt im Krankenhaus. An Weihnachten darf er wieder nach Hause, hat der Arzt ihm gesagt. Clara ist froh darüber. Die Nachricht gefällt ihr sehr! Opa ist natürlich auch ganz glücklich, wenn er wieder zuhause ist. Er hat ja auch eine Katze. Sie muss versorgt werden. „Ich hoffe, die Nachbarskinder füttern sie gut", sagt Opa. „Sie sind beide sehr zuverlässig. Ich habe ihnen ein paar Euro für ihr Sparschwein versprochen. Damit wollen die beiden ihren Eltern ein kleines Weihnachtsgeschenk kaufen." Opa fügt hinzu: „Clara, wenn du und dein Bruder euch auch das Taschengeld aufbessern wollt, könnt ihr noch meine Pflanzen gießen oder mir einen kleinen Kuchen backen. Wie wäre das?"

Aufgabe 2:

Das Auto gehört Familie Klein. Es ist ihr Auto. In der Villa wohnen drei Frauen. Es ist ihre Villa.
„Du hast einen neuen Fußball? Ist das dein Fußball?" „Die Schwester meines Vaters ist meine Tante. Ihr Name ist Elisabeth, darum nenne ich sie einfach ‚Tante Lisa'". „Ihr habt nicht für die Arbeit gelernt? Nun, das ist jetzt euer Problem. Es ist nicht mein Problem, denn ICH habe mit meiner Schwester dafür gelernt."

M17 Finde die Präpositionen

Aufgabe:

1. Die Maus sitzt unter dem Tisch.
2. Die Maus sitzt in der Kiste.
3. Die Maus sitzt neben dem Eimer.
4. Die Maus läuft über den Teppich.
5. Die Maus hockt zwischen zwei Blumen.
6. Die Maus sitzt vor dem Käse.
7. Die Maus sitzt auf dem Tisch.
8. Die Maus hängt am Ast.
9. Die Maus hockt hinter der Hundehütte.
10. Die Maus verkriecht sich im Mauseloch.

Lösungswort: VERSTECKEN

M18 Rund ums Wetter – Wortarten- Mandala

Aufgabe 1:

Nomen: Wind, Donner, Gewitter, Sturm, Schnee, Wolke, Hitze, Blitz, Kälte, Hagel, Regen, Sonne

Verben: schneien, regnen, frieren, hageln, donnern, stürmen

Adjektive: warm, schön, nass, wolkig, dunkel, windig, stürmisch, trocken, sonnig, kalt

Pronomen: du, ich, er, sie, es, wir, ihr

Präpositionen: zwischen, hinter, unter, neben, an, auf, in

Artikel: der, die, das, ein, eine

Aufgabe 2: individuelle Lösungen

KOHL VERLAG Lernen mit Erfolg
LERNEINHEITEN GRAMMATIK
Band 3: Gemischte Übungen zur Vertiefung – Bestell-Nr. 13 064

Lösungen

M19 Welcher Artikel passt? 1

Aufgabe : Lösungssatz: OHNE ARTIKEL GEHT ES NICHT.

M20 Welcher Artikel passt? 2

Aufgabe 1: Lösungswort: STREICHELZOO

Aufgabe 2: individuelle Lösungen

M21 Nomen und ihre Artikel

Aufgabe 1:

						H													
		E				O					R	I	N	G			H		
		N		B		S											A		
Z		T		I		E				A	U	T	O				U		
I		E		L													S		
T				D			W			B	L	U	M	E					H
R					B		O								H	E	X	E	U
O					U		L		H	U	T								N
N					C		F												D
E					H									T	A	U	B	E	
Q	U	E	L	L	E														
									B	O	O	T					D		
B	A	U	M											N			A		
						Z	A	U	N					E			C		
		K	A	T	Z	E								S			H		
								K	I	N	D			T					
E															B	R	I	E	F
I		K	U	C	H	E	N												
S													K	I	S	T	E		
				P	A	P	A	G	E	I									

Aufgabe 2:

der: Ring, Wolf, Hut, Hund, Baum, Papagei, Brief, Kuchen, Zaun (ein)

die: Ente, Zitrone, Blume, Quelle, Katze, Kiste, Taube, Hose, Hexe (eine)

das: Bild, Auto, Haus, Buch, Kind, Nest, Eis, Dach, Boot (ein)

M22 Hier fehlen die Artikel

Aufgabe 1:

Heute ist **das** Wetter schön. Da möchte ich mir **ein** Eis holen. Vor **der** Eisdiele ist **eine** Warteschlange. **Der** Eisverkäufer ist ganz aufgeregt. **Die** Schildmütze rutscht ihm schon tief ins Gesicht. **Die** Zitronen-Eisschale ist schon leer. **Eine** Frau stellt **eine** Ersatzschale in **die** Theke. **Ein** Junge in **der** Schlange weint schon. Es dauert aber auch lange! **Die** Mutter tröstet ihn. Jetzt fallen auch noch **die** Servietten von **der** Theke herunter. Ich lese schon einmal **die** Eiskarte über **der** Theke. **Eine** Eissorte kenne ich noch nicht. Ob ich **das** Mango-Eis einmal versuchen soll? Jetzt hilft noch **ein** Mann hinter **der** Theke aus. Nun geht es etwas schneller. **Eine** Frau bezahlt **das** Eis. Dabei stößt sie **ein** Kind an. **Das** Kind lässt **das** Eis fallen und schreit ganz laut. **Die** Leute vor **der** Theke schimpfen mit **der** Frau. Aber **die** Frau kauft schnell noch **ein** Schokoladen-Eis für **das** Kind. Sofort hört **das** Kind auf zu schreien. Langsam wird **die** Warteschlange vor mir kürzer. Ich habe **das** Geld schon abgezählt in der Hand. Jetzt stehe ich endlich vor **der** Theke. Aber jetzt ist **das** Mango-Eis ausverkauft. Schnell entscheide ich mich für **ein** Zitronen-Eis. **Das** esse ich besonders gerne. Auf **der** Bank ist kein Platz mehr. Dann gehe ich eben langsam bis zu **der** Wiese. Hier schlecke ich **das** Eis in Ruhe. Gerne würde ich noch **ein** zweites Eis essen. Aber dann müsste ich mich wieder in **die** Warteschlange stellen. Lieber nicht!

Lösungen

M22 Hier fehlen die Artikel

Aufgabe 2:

a) Wetter, Eis, Eisdiele, Warteschlange, Eisverkäufer, Schildmütze, Gesicht, Zitronen-Eisschale, Frau, Ersatzschale, Theke, Junge, Schlange, Mutter, Servietten, Theke, Eiskarte, Theke, Sorte, Mango-Eis, Mann, Theke, Frau, Eis, Kind, Kind, Eis, Leute, Theke, Frau, Frau, Schokoladen-Eis, Kind, Kind, Warteschlange, Geld, Hand, Theke, Mango-Eis, Zitronen-Eis, Bank, Platz, Wiese, Eis, Ruhe, Eis, Warteschlange

b) sein, möchten, holen, sein, sein, rutschen, sein, stellen, weinen, dauern, trösten, (herunter)fallen, lesen, kennen, versuchen, sollen, aushelfen, gehen, bezahlen, (an)stoßen, lassen, fallen (fallen lassen), schreien, schimpfen, kaufen, aufhören, schreien, werden, haben, abzählen, stehen, sein, entscheiden, essen, sein, gehen, schlecken, essen, müssen, stellen

c) schön – schöner – am schönsten; aufgeregt – aufgeregter – am aufgeregtesten; tief (Adverb) – tiefer – am tiefsten; leer – leerer – am leersten; schnell (Adverb) – schneller – am schnellsten; laut (Adverb) – lauter – am lautesten; kurz – kürzer – am kürzesten; abgezählt (hier gibt es keine Steigerungsform); langsam (Adverb) – langsamer – am langsamsten;

M23 Verschiedene Satzarten

Aufgabe 1-3: individuelle Lösungen

M24 Fragesätze und Aussagesätze bilden

Aufgabe 1+2:

Die Schnecke bewegt sich sehr langsam. Bewegt sich die Schnecke sehr langsam?
Der Ball fliegt in das Fenster. Fliegt der Ball in das Fenster?
Giraffen haben einen langen Hals. Haben Giraffen einen langen Hals?
Ich habe meinen Schlüssel verloren. Habe ich meinen Schlüssel verloren?
An Karneval verkleide ich mich als Clown. Verkleide ich mich an Karneval als Clown?
In den Ferien fahre ich zu meinen Großeltern. Fahre ich in den Ferien zu meinen Großeltern?

M25 Satzschlusszeichen ergänzen

Aufgabe 1:

Der Tierpfleger im Zoo beginnt um 16.00 Uhr mit der Fütterung.
Bitte kein Brot in die Gehege werfen!
Möchtet ihr auch noch zu den Seehunden?
Seid nicht so laut im Vogelhaus!
Wer hat denn meine Schokolade gegessen?
Im Giraffengehege ist eine neue Giraffe eingezogen.
Nicht an die Scheibe klopfen!
Habt ihr auch ein Foto von den Pinguinen gemacht?
Die kleinen Bärenkinder haben sich gut versteckt.
Greife nicht mit der Hand durch die Gitterstäbe!
Wer möchte noch einen Apfel essen?
Die Affen machen heute besonders viel Lärm.

Aufgabe 2: selbsterklärend

Lösungen

M26 Reimwörter – Quadromino

Aufgabe 1+2:

Fuchs – Luchs
Tasse – Kasse
Schauer – Mauer
Rüssel – Schüssel
Hund – Mund
Stift – Lift

Pappe – Mappe
Katze – Tatze
Buch – Tuch
Schimmel – Himmel
Leute – Beute
Affe – Giraffe

Wicht – Licht
Traum – Baum
Seife – Schleife
Reise – Meise
Flasche – Tasche
Mut - Hut

M27 Finde die Reimwörter

Aufgabe 1a + b + 2:

Klee – Tee
Nagel – Hagel
Ziege – Fliege, Wiege, Liege, Stiege
Pfanne – Tanne, Kanne, Wanne, Anne
Dach – Bach, Krach, Schach, Ach!, flach
Pferd – Herd
Reh – Zeh
Insel – Pinsel

Puppe – Suppe, Gruppe
Rose – Dose, Hose, Lose, lose, Pose, Mimose
Schnecke – Hecke, Decke, Ecke
Igel – Spiegel
Kuh – Schuh
Zopf – Kopf, Tropf
Hand – Sand, Land

M28 Finde die Reimwörter

Aufgabe 1a:

reiben, treiben, bleiben, schreiben	lenken, denken, senken
kauen, schauen, trauen, bauen, brauen	Leben, schweben, weben, kleben
fragen, nagen, tragen, sagen, jagen, klagen, Magen	bringen, springen, zwingen, singen, klingen
gehen, wehen, sehen, flehen, stehen	fliegen, siegen, wiegen, liegen
raufen, taufen, kaufen, laufen	flicken, sticken, stricken, klicken
lachen, machen, wachen, Sachen, krachen	leise, weise
Fluss, Kuss, Nuss, Schluss, muss	rund, gesund, wund, Schlund, Hund
bricht, sticht, dicht, Sicht, Licht, nicht	schlank, krank, Bank, Schrank
suchen, buchen, fluchen, Kuchen	weich, bleich, reich, Scheich, gleich

Aufgabe 1b: individuelle Lösungen

Aufgabe 2+3: individuelle Lösungen

na Blum

scape Room Feeling – Grammatik

Knackt den Code!" - Praktische Mini-Lerneinheiten

as Knobeln und Rätselknacken mit dem Ziel, sich aus einem 'aum" zu befreien, stärken nicht nur das logische, sondern auch s zielgerichtete Denken. Und ganz nebenbei werden so auch ehlerschwerpunkte im Bereich der Grammatik trainiert! Auf geht's löst die Rätsel und knackt des Code! Jedes Spiel beginnt mit ei- r spannenden und rätselbehafteten Geschichte. Am Ende geben e Hauptfiguren der Geschichte einen Zahlencode ein, um ans Ziel kommen oder sich zu befreien. Diesen Zahlencode kannst nur knacken!

4 Seiten | 12 833 | ab 18,49 €

3 4

olfgang Wertenbroch & Ulrike Stolz

en Satzbau kinderleicht erlernen

hand kinderleichter Übungen erlernen die Schüler in Begleitung n Joschi & Valentin (hübsch illustriert von Julia Roth) auf spiele- che Weise, wie der Satzbau funktioniert. Dabei werden die ein- nen Wortarten besonders herausgehoben und deren jeweilige ellung bei der Satzbildung auch in Nebensätzen ausführlich be- ndelt. Die Regeln werden vor jeder Übung ausführlich erklärt, die ungen selbst sind so kinderleicht konzipiert, dass auch schwache hüler*innen „mithalten" können.

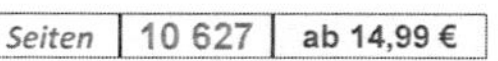

4 Seiten | 10 627 | ab 14,99 €

FÖ PDF plus

3 4

fanie Kraus & Sabine Hauke

ie Satzbau-Werkstatt

ielideen & Übungen zum Satzbautraining

elideen und verschiedene Übungen auf einzelnen Arbeitsblät- bieten zahlreiche Möglichkeiten, den Satzbau kinderleicht zu nieren. Neben gängigen und zugleich unerlässlichen Übungen n Satzbau werden zu einigen Satzstellungen und Fällen auch elideen sowie fertige Spiele zur Partner- und Gruppenarbeit an- oten. **Mit 16 Extraseiten auf dickem Papier zum Ausschnei- .**

0 Seiten | 11 003 | ab 18,49 €

PDF plus

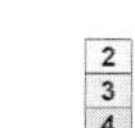
2 3 4

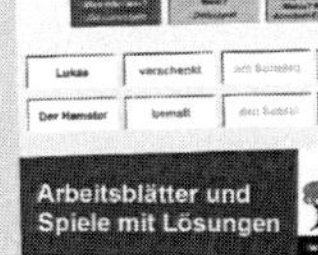

rst Hartmann & Petra Zwerenz

e Zeitformen

ndlegende kleinschrittige Übungen

Konzept bietet neben grundlegenden und vielfältigen ngen im differenzierenden Bereich zusätzliche Materialien Kinder mit besonderem Förderbedarf an und berücksichtigt der, die sprachliche Herausforderungen suchen. Beispiele aus Inhalt, der kleinschrittig umgesetzt wird: Die Kinder betrach- und üben die Zeitformen einzeln, übertragen Texte in die je- s andere Zeitform, erkennen die Infinitive und es andere mehr.

FÖ PDF plus

äsens & Präteritum	11 739	je 64 Seiten
rfekt & Futur	11 867	ab 14,99 €

3 4

Gary M. Forester

Die Wortarten

Übersichtlich • anschaulich • verständlich

Die Wortarten als Legematerial – die Sternlegeform ergibt eine anschauliche Übersicht. Erklärt werden die wesentlichen Merkmale, die sowohl durch einzelne Beispiele als auch durch jeweils ein Beispiel im Satzzusammenhang veranschaulicht werden. Dabei werden die Schüler dazu angeregt, eigene Beispiele zu finden bzw. die Wortart innerhalb eines Satzes zu erkennen.

FARBIG | 24 Seiten | 15 035 | ab 14,49 €

3 4

Gary M. Forester

Die Zeiten ... kurz & knapp

Alle Zeitformen im Überblick anschaulich und verständlich in Sternform gelegt. Die Vorderseite erklärt das Aktiv, die Rückseite das Passiv in allen Zeitformen. So ist diese Form der Grammatik für viele Klassenstufen einsetzbar. Je nach aktuellem Wissensstand wird Aktiv oder Passiv gelegt, geübt und verstanden. Die deutsche Grammatik zu verstehen dient auch als Grundlage für das Verstehen der Fremdsprachengrammatik. Eine zusätzliche Übersichtskarte dient als schnelle Hilfestellung.

FARBIG | 24 Seiten | 15 024 | ab 14,49 €

3 4

Gary M. Forester

Die Fälle ... kurz & knapp!

Ein mehrteiliges Legematerial rund um das Thema „Die Fälle". Die Kärtchen müssen passend am Mittelstück angelegt werden, sodass ein mehrstrahliger Stern entsteht. Aufgegriffen werden die Themen: „Wie fragt man im jeweiligen Fall" oder „Wie werden Wörter in den vier Fällen gebeugt?". Außerdem werden die Schüler dazu angeregt, selbst Fälle zu erkennen. Das Material eignet sich sowohl für die Freiarbeit als auch für die Arbeit im Klassenverband.

FARBIG | 24 Seiten | 15 046 | ab 14,49 €

3 4

Gary M. Forester

Die Satzglieder ... kurz & knapp!

Tolles Legematerial rund um die Satzglieder im Deutschen, bei dem die Schüler*innen durch Zuordnen von Legekärtchen Antworten auf Fragen wie „Wie fragt man nach den einzelnen Satzgliedern?" oder „Welche Besonderheiten hat das jeweilige Satzglied?" finden. Der Band beinhaltet mehrteiliges Legematerial rund um das Thema „Die Satzglieder". Werden die Kärtchen passend am Mittelstück angelegt, entsteht ein mehrgliedriger Stern, welcher als Kontrolle und Bestätigung der richtigen Lösungen dient.

FARBIG | 24 Seiten | 15 069 | ab 14,99 €

3 4

Gary M. Forester

Teekesselchen Wörter mit mehreren Bedeutungen

Die deutsche Sprache bietet Begriffe mit mehreren Bedeutungen, was zu kuriosen Situationen führen kann. Im Mittelpunkt steht das Kennenlernen der wichtigsten Ausdrücke von ...

1. Begriffen mit gleicher Schreibweise aber mehrfacher Bedeutung (Homographie) sowie ...
2. gleichklingenden Begriffen mit unterschiedlicher Schreibweise (Homophonie).

FARBIG | 48 Seiten | 15 023 | ab 17,49 €

2 3 4

Klasse 1 2 3 4 Deutsch

a Nietsche, Sabine Hauke & Autorenteam Kohl-Verlag

ammatik ... für die Grundschule

Vermittlung der Grammatikregeln ist vielen Schüler*innen lästig – aber für eine ordentliche Aus- ksfähigkeit von entscheidender Bedeutung. Damit der Stoff nachhaltig verinnerlicht wird, sollten die ngen motivierend wirken und spielerisch sein. Bei der Erstellung der Arbeitsblätter der Reihe „Gram- k für die Grundschule" wurde genau dies berücksichtigt: motivierender Kontext, spielerische Zugän- lebensnahe kindgerechte Situationen ... so macht vertiefendes und wiederholendes Lernen Spaß!

Wortarten: Neben den grundlegenden Wortarten Nomen, Verben und Adjektive werden auch die nderen Wortarten angesprochen. Jede Wortart wird ausführlich erläutert, anhand eines Beispieles rt und im Folgetransfer von den Schülern in verschiedenen Aufgabenformen geübt.

Zeiten: Wir behandeln vier grundlegende Zeitformen. Neben der Gegenwart (Präsens) werden auch rste (Präteritum) und die zweite Vergangenheit (Perfekt), sowie die Zukunftsform (Futur I) behandelt. Zeitform wird ausführlich und schülergerecht erklärt und kann mit differenzierten Übungsaufgaben duell vertieft werden.

Fälle: Die vier Fälle werden einzeln behandelt und später auch in Kombination angewandt und er- t. Somit wird nicht nur Grammatik, sondern auch der sprachliche Ausdruck trainiert.

Satzglieder: Die grammatikalische Funktion, korrekte Anwendung und rscheidung der einzelnen Satzglieder wird über verschiedene Übungen lossen. Der Überblick über richtigen Satzbau dient auch als Grundlage as Erlernen der Fremdsprache.

In 3 Niveaustufen zur Differenzierung!

80 Seiten	Wortarten	Klasse 3	11 868	ab 16,49 €
80 Seiten		Klasse 4	11 869	ab 16,49 €
64 Seiten	Zeiten	Klasse 3	11 955	ab 13,49 €
64 Seiten		Klasse 4	11 956	ab 14,99 €
64 Seiten	Fälle	Klasse 3	12 059	ab 13,49 €
68 Seiten		Klasse 4	12 060	ab 15,99 €
48 Seiten	Satzglieder	Klasse 3	12 122	ab 13,49 €
48 Seiten		Klasse 4	12 123	ab 13,49 €

3 4

FÖ PDF plus

Seite 47

Jochen Vatter

Wochenplan Rechtschreibung

Wochenpläne geben durch ihren übersichtlichen Aufbau Klarheit und Struktur: der Schüler weiß genau, welche Aufgaben in welchem Zeitraum erledigt werden müssen. Durch motivierende Aufgaben werden so nicht nur die fachbezogenen Kompetenzen wie beispielsweise Ableitungs- und Verlängerungsstrategien erweitert, sondern auch die personalen Kompetenzen wie Selbstorganisation und Ausdauer. Optimales Freiarbeitsmaterial – auch fürs regelmäßige Üben zuhause!

PDF plus

Klasse 5	12 573		5
Klasse 6	12 574		6
Klasse 7	12 810	*je 80 Seiten*	7
Klasse 8	12 918	ab 15,99 €	8

Sabine Hauke

Die häufigsten Rechtschreibfehler
... und wie man sie vermeidet!

Umfassendes Übungsmaterial zum individualisierten Lernen:
- *Eingangstest zur Ermittlung individueller Fehlerschwerpunkte*
- *strukturiertes Übungsmaterial mit Lösungen*
- *Abschlusstest zur Sicherung der Lernfortschritte*

48 Seiten	11 990	ab 13,49 €

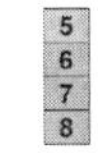
FÖ PDF plus · 5 6 7 8

Gisela Ruthenberg

Richtig schreiben
Eine praktische Lernkartei

Mit diesen Kopiervorlagen können Schüler ihren Erfolg selbst messen. Das Rechtschreibprogramm in Form einer praktischen Lernkartei beinhaltet die intensive Schulung folgender Bereiche: das Hören, das genaue Hinsehen, das Regeln lernen und sprachliche Ableitungen.

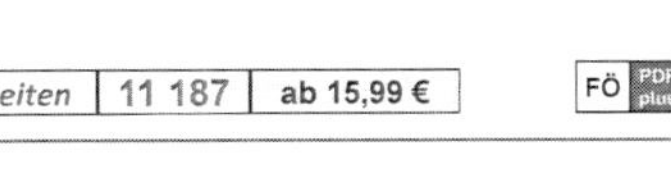

76 Seiten	11 187	ab 15,99 €

FÖ PDF plus · 5 6 7 8 9 10

Roswitha Wurm

Wahrnehmung trainieren bei LRS

Klar strukturierte Übungen geben sinnvolle Übungsmöglichkeiten und liefern schnelle Erfolgserlebnisse. Zusätzliche Wahrnehmungsspiele ergänzen die Arbeitsblätter sinnvoll. Diese Kopiervorlagen sind seit vielen Jahren erprobt und wurden erfolgreich im Einzel-, Gruppen- & Förderunterricht eingesetzt.

80 Seiten	11 311	ab 16,49 €

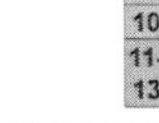
FÖ INK · 5 6 7 8 9 10 11-13

Roswitha Wurm

Aufmerksamkeit trainieren bei LRS

Aufmerksamkeit schärfen bedeutet, mit offenen Augen, gespitzten Ohren und Feingefühl durchs Leben zu gehen. Die zusammengestellten Übungen schulen die Aufmerksamkeit, die für eine gelingende und erfolgreiche Behandlung von LRS notwendig ist, mit variablen chronologischen Übungen.

64 Seiten	11 312	ab 14,99 €

FÖ INK PDF plus · 5 6 7 8 9 10 11-13

Andrea Schinhärl

Der innovative LRS-Trainer
Schnelle Soforthilfe

Die 13 ausgearbeiteten Trainingseinheiten sind das ideale, innovative und wirksame Trainingsmaterial! Die Übungen widmen sich den größten Problemfeldern in der deutschen Rechtschreibung und erklären diese mit abwechslungsreichen Aufgaben und Übungen.

72 Seiten	10 742	ab 15,99 €

FÖ INK PDF plus · Alle Stufen

Andrea Schinhärl

LRS wirksam bekämpfen!
... aus der Praxis

Sprachbeherrschung, -verständnis und der kreativ-fantasievolle Umgang mit Sprache sind entscheidend für das zukünftige Leben. Wenn bei diesen Grundkompetenzen große Schwierigkeiten vorliegen, ist oft die sogenannte „Lese-Rechtschreib-Schwäche" verantwortlich. Dieser Band liefert gezielte aufbauende Übungen zur Behebung dieser Schwächen!

80 Seiten	11 232	ab 16,49 €

FÖ INK PDF plus · Alle Stufen

Mila Müller

LRS-Übungen mit Körperwahrnehmung

Um Kindern mit einer Lese-Rechtschreibschwäche den Zugang zur Sprache zu ermöglichen, bietet sich das Ansprechen verschiedenster Areale im Gehirn an. Mit Hilfe von bewegungs- und wahrnehmungsgestützten Übungen erlaubt dieses Arbeitsheft nicht nur Ihren LRS-Kindern Übungen mit Hilfe anderer Wahrnehmungskanäle.

32 Seiten	11 989	ab 11,99 €

FÖ INK · 5 6

Susanne Mitasch-Kraft & Autorenteam Kohl-Verlag

Wochenplan Grammatik

Jede Woche ist in 5 Einheiten (Mo-Fr) untergliedert. steigt von Tag zu Tag das Selbstbewusstsein! Die Them beziehen sich auf Wortebene um Fragen wie: Welche M lichkeiten gibt es, Wörter zu bilden? Wie werden Adjek gesteigert? Welche Zeiten gibt es und wie werden Vert an Zeit und Person angepasst? Was ist eine Wortfam was ein Wortstamm? Auf Satzebene geht es dann um Stellung des Verbs im Satz, um einfache Satzglieder so um die einzelnen Satzarten und Satzzeichen.

Klasse 5	12 731	
Klasse 6	12 732	
Klasse 7	12 733	*je 80 Seiten*
Klasse 8	12 919	ab 15,99 €

Mila Müller

Mein tägliches
10-Minuten-Training an Stationen
Kurze Übungseinheiten in drei Niveaustufen

Schüler dafür zu begeistern, Grammatik zu üben, be oft großer Anstrengung von Seiten des Lehrers. Da die beit an Stationen den Schülern selbstständiges Erarbe dieser wichtigen Lerninhalte im eigenen Lerntempo erla arbeiten sie erfolgreich mit diesem Übungsmaterial. Möglichkeit der Selbstkontrolle unterstützt dieses moti te Lernen. Diese beiden Arbeitsbände für die Klassen erleichtern Ihnen und Ihren Schülern, sich diese Sch selkompetenzen anzueignen. Die Lösung befindet sich dabei auf der Rückseite der Übungsblätter.

FÖ

Klasse 5	12 916	*je 80 Seiten*
Klasse 6	12 917	ab 18,49 €

Friedhelm Heitmann

Wortschatz & Ausdruck
Erweiterung und Festigung in Sprache & Schrift

In diesen Bänden geht es um die Erweiterung und Festigung Wortschatzes sowie um die Verbesserung des Ausdruckes in deutschen Sprache. Es werden verschiedene Arbeitsblätter und L spiele auf unterschiedlichem Leistungsniveau dargeboten. Die Übungen sind in verschiedenen Klassenstufen einsetzbar (je nach Vorkenntnissen und Leistungsvermögen der Schüler)

92 Seiten	Band 1	11 106	ab 18,99 €
80 Seiten	Band 2	12 401	ab 16,49 €

PDF plus

Peter Botschen & Christiane Awakowicz

Deutsch für den Beruf
Ausdruckstraining

Die passende Rhetorik in Geschäftsbriefen, Bewerbungsschreiben, die rekte Schreibung von Straßennamen oder einfach, ob es z. Hd., Herr Herrn heißt ... Die Kopiervorlagen widmen sich speziellen „Problemzonen" und sorgen durch gezieltes Ausdruckstraining für eine zielgerichtete Verbesserung der Schreib- und Sprechkompetenz.

56 Seiten	11 085	ab 13,49 €

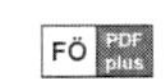
FÖ PDF plus

Hans-Peter Tiemann

Konjunktiv ... aber gründlich!

Der Band möchte mit attraktiven Textvorlagen & Aufgaben Lust auf konju vische Formulierungen im mündlichen/schriftlichen Sprachgebrauch mac Das differenzierte Material nimmt auf verschiedenen Niveaustufen Bezu Alltagssituationen, bezieht Gebrauchstexte und journalistische Stilformen ebenso ein wie literarische Vorlagen. Der Band ist linear aufgebaut und enthält sogar komplette Klassenarbeiten!

64 Seiten	12 734	ab 13,49 €

Stefanie Kraus & Sabine Hauke

Die Satzbau-Werkstatt
Spielideen & Übungen

Neben unerlässlichen Übungen zum Satzbau werden zu einigen Satz gen und Fällen Spielideen sowie fertige Spiele zur Partner- und Gru beit angeboten. Diese ermöglichen eine kinderleichte Auseinander mit dem Satzbau, wodurch nach und nach auf spielerische Weise ei reres Gefühl für diesen gewonnen wird. ***Die Printausgabe enthält 1 Extraseiten auf dickem Papier zum Ausschneiden.***

80 Seiten	11 003	ab 18,49 €

PDF plus

Marisa Herzog

Qualipass Nomen, Verben, Adjektive

Vielseitiges Übungsmaterial, die Erklärungen und Regeln werden durc ze Sachtexte, Anwendungen und Übungen vermittelt. Alle Arbeitsblätte nen der Vertiefung, Wiederholung und Festigung. ***Mit Selbstbeurteil bögen und Lernzielkontrollen.***

Nomen	11 334	*je 72 Seiten*
Verben	11 335	ab 15,99 €
Adjektive	11 336	

FÖ